TODO MUNDO MERECE UM COACH

Coordenação editorial:
SANDOR SANCHES MOURA & FLAVIA KOBAL

TODO MUNDO MERECE UM COACH

Desperte a sua melhor versão e transforme autoconhecimento em resultados

Literare Books
INTERNATIONAL
BRASIL · EUROPA · USA · JAPÃO

© LITERARE BOOKS INTERNATIONAL LTDA, 2021.
Todos os direitos desta edição são reservados à Literare Books International Ltda.

PRESIDENTE
Mauricio Sita

VICE-PRESIDENTE
Alessandra Ksenhuck

DIRETORA EXECUTIVA
Julyana Rosa

DIRETORA DE PROJETOS
Gleide Santos

RELACIONAMENTO COM O CLIENTE
Claudia Pires

EDITOR
Enrico Giglio de Oliveira

REVISORES
Tarik Alexandre e Ivani Rezende

CAPA
Gabriel Uchima

DESIGNER EDITORIAL
Victor Prado

IMPRESSÃO
Gráfica Paym

Dados Internacionais de Catalogação na Publicação (CIP)
(eDOC BRASIL, Belo Horizonte/MG)

T639   Todo mundo merece um coach: desperte a sua melhor versão e transforme autoconhecimento em resultados / Coordenadores Sandor Sanches, Flavia Kobal. – São Paulo, SP: Literare Books International, 2021.
204 p. : 16 x 23 cm

Inclui bibliografia
ISBN 978-65-5922-175-2

1. Assessoria pessoal. 2. Sucesso nos negócios. 3. Técnicas de autoajuda. I. Sanches, Sandor. II. Kobal, Flavia.

CDD 158.1

Elaborado por Maurício Amormino Júnior – CRB6/2422

LITERARE BOOKS INTERNATIONAL LTDA.
Rua Antônio Augusto Covello, 472
Vila Mariana — São Paulo, SP. CEP 01550-060
+55 11 2659-0968 | www.literarebooks.com.br
contato@literarebooks.com.br

SUMÁRIO

7   PREFÁCIO
       Eric Arruda

9   TODA CRIANÇA MERECE UM *KID COACH*
       Ana Fátima Carvalho de Campos

17   O PODER DE SABER PARA ONDE IR
       Luís Arthur Daher

25   JORNADA DA REALIZAÇÃO FINANCEIRA
       Claudio Munhoz

31   O QUE VOCÊ QUER SER AGORA QUE CRESCEU?
       Daniel Angi

37   O PODER DO PLANEJAMENTO
       Fabiana Pecego

45   JOGO INTERNO E EXTERNO: O CAMINHO DE REALIZAÇÕES NA VIDA
       Gustavo de La Peña

53   CLAREZA COM TRANSPARÊNCIA
       Milton Saicho

61   O PODER DA CLAREZA
       Welington Oliveira

69   O PODER DAS ETAPAS INTERMEDIÁRIAS
       Juliana dos Reis Santos

75   POR UMA VIDA DE PROPÓSITO
       Amanda Santos

83   É CAMINHANDO QUE SE CONSTRÓI O CAMINHO
       Candida Quadrelli

91   FAMÍLIA: A BASE PARA O DESENVOLVIMENTO HUMANO
       Rosinelia Franco

97	FÉ, AMOR E PERSISTÊNCIA: A TRÍADE DO MEU SUCESSO **Dri Sabino**	
105	CONSEGUI, LOGO PERSISTI **Andrei Oliveira**	
111	O PODER DA IMAGINAÇÃO NO AVANÇO DA EVOLUÇÃO RUMO AOS SEUS OBJETIVOS **José Rinaldini**	
119	NEM PROCRASTINAÇÃO NEM PREGUIÇA – O QUE REALMENTE O IMPEDE DE TER CONSTÂNCIA NAS AÇÕES? **Patrícia Mello**	
127	CONSISTÊNCIA - O SUCESSO ESTÁ AQUI **Raquel de Assis Affonso**	
135	POR TRÁS DA REALIZAÇÃO DE UM SONHO **Sandor Sanches Moura**	
143	A IMPORTÂNCIA DO AUTOCONHECIMENTO PARA O SUCESSO PLENO **Claudio Miyashiro**	
149	A VERDADE SOBRE SER PROTAGONISTA QUE AINDA NÃO LHE CONTARAM **Denise Giovannetti**	
155	OS VALORES E SUA IMPORTÂNCIA EM NOSSAS VIDAS **Flavia Kobal**	
163	A FORÇA DO PROPÓSITO **Tânia Negrão**	
171	CRIATIVIDADE INVENTADA OU INVERTIDA **Andre L. Arantes**	
179	AUTOCONHECIMENTO E TRANSFORMAÇÃO: EIS POR QUE TODO MUNDO MERECE TER UM *COACH* **Carla Valicek**	
185	5 LIÇÕES DOS GIRASSÓIS PARA UMA VIDA ABUNDANTE **Edson Vilela de Albuquerque**	
193	RIQUEZA OU POBREZA É UMA QUESTÃO DE ESCOLHA **Gilmara Gonzalez**	
201	ALTA *PERFORMANCE* NA COMUNICAÇÃO **Vanessa Mafra**	

PREFÁCIO

O *coaching* tem uma história de transformação marcante na minha vida. Desenvolveu-me e trouxe clareza para entender meu caminho como *coach* profissional, com muito orgulho, desde a década passada. Tive o privilégio de cruzar com milhares de outras histórias e vidas, aprender e crescer com cada uma delas. Sim, eu sou um, entre incontáveis outros casos de sucesso e transformação do *coaching*!

O *coaching* é metodologia e processo baseado em evidência científica para aumentar sua performance em determinada área da sua vida, com estratégia, planejamento e consistência. No mundo, é consolidado e visto como essencial dentro de universidades, como Harvard; de organizações, como Amazon, Google e Apple, com incontáveis estudos científicos. Você sabia que muitas empresas já possuem um departamento de *coaching*? *Coaches* contratados trabalham diariamente no crescimento das pessoas e negócios. É uma realidade!

No Brasil, apresenta resultados sólidos na transformação de vidas, carreiras, empresas e até em hospitais, nos tratamentos oncológicos. Com estudo, crescimento e evolução constante, milhões de pessoas buscam esse processo de desenvolvimento para si e núcleos de *coaching* voluntários já surgiram para atender pessoas com falta de recursos.

Coaching é uma jornada de autoconhecimento, de realização, de evolução e crescimento. Por isso, traz transformações positivas para todas as outras áreas da sua vida. É aprender como você funciona e desatar os nós que o sabotam, para tomar decisões melhores todos os dias. É crescimento no relacionar-se com a vida e com o mundo. É comprometer-se a trabalhar para o que é mais importante para você, conquistar aquilo que vai fazer diferença na sua existência neste mundo! É despertar seu espírito curioso para descobrir como ser melhor e fazer sua vida e a dos outros melhores!

É por isso que tenho a convicção: todo mundo merece um coach. A união de coaches sensacionais, com muito estudo, dedicação, experiência e prática deu origem às páginas deste livro, cuidadosamente trabalhadas para contribuir, impactar e fazer a diferença em seu caminho. Aproveite e desfrute cada passo deste maravilhoso processo de aprendizado. Uma incrível jornada a você!

Eric Arruda

1

TODA CRIANÇA MERECE UM *KID COACH*

Conhece o ditado "faça o que falo, mas não faça o que faço"? Será que isso funcionou algum dia? Pois é isso que acontece quando os pais se deparam com situações do dia a dia em que não sabem como agir com os filhos. Muitos pais sentem como se estivessem em uma missão impossível e exigem dos filhos comportamentos que eles mesmos não praticam. Quer conhecer estratégias eficazes para ajudar o seu filho a ter um novo padrão comportamental sem que você se desgaste com isso? Quer ter um ambiente emocionalmente saudável em seu lar e resgatar a alegria de estarem juntos? Muito bem, então vamos iniciar sua jornada?

ANA FÁTIMA CARVALHO DE CAMPOS

Ana Fátima Carvalho de Campos

Iniciei minha trajetória profissional cursando Pedagogia na PUCC, depois me especializei em Psicopedagogia Clínica pela USF e Teologia pelo IFC. Entrei para o mundo do coach me formando em *Life Coaching* pela Empresa Polozi, prossegui com *Kids* e *Teen Coaching* pelo ICIJ de crescimento infantojuvenil. Sou mestranda pela universidade Iberoamericana em parceria com a FUNIBER. Coordenadora pedagógica da Progress Educacional e professora da pós-graduação do curso: Formação de Professores para Letramento Financeiro da mesma empresa. Das experiências profissionais, destaco os longos anos no Colégio Visconde de Porto Seguro, em Valinhos, como orientadora educacional e diretora de teatro. Trabalhei na Fundação Lemann, implementando, em todo o território brasileiro, a plataforma *Khan Academy* e na Elos Educacional no projeto de formação de formadores na rede pública de ensino e em parceria também com a Fundação Lemann. Há seis anos oriento, pedagógica e emocionalmente, atletas de alto rendimento do tênis em Barueri. Sou a criadora do projeto *Prosper Academy*, que ensina educação financeira para crianças, adolescentes e pais. Além disso, sou CEO da empresa Tênis To Go, cuja missão é a de preparar atletas que desejam fazer *College* e praticar esportes. Sou filha, mãe, esposa e me preparando para ser avó.

Contatos
facdecampos@gmail.com
19 99906 0679

Pais e filhos, manter essa relação conectada na contemporaneidade está sendo fácil? Conflitos entre as gerações sempre existiram, mas será que os desafios para educar os filhos estão maiores? Podemos dizer que é uma relação "8 ou 80". Por isso, os pais precisam se capacitar emocionalmente para exercerem com maestria a missão que lhes foi confiada e, por outro lado, as crianças precisam aprender a se autorregular e, juntos, terem um convívio em que todos se sintam amados e respeitados.

Haja vista que vários pais se queixam do comportamento dos filhos e vários filhos tecem reclamações sobre o caráter disciplinador dos pais. Ou seja, pais muito controladores ou muito permissivos não ajudam os filhos a desenvolverem o senso de capacidade pessoal, a se sentirem amados e a desenvolverem a autoestima positiva. É uma relação de altos e baixos, mas que não precisaria ser assim, afinal, estabelecer uma relação saudável entre pais e filhos é fundamental para o desenvolvimento psíquico equilibrado.

Os pais não precisam ser perfeitos para educar os filhos. Mas mas é necessário que se cuidem para serem um pai e uma mãe congruentes, ou seja, pais que vivem o que pregam e que demonstrem coerência entre o que falam e o que fazem. Partindo dessa ideia de que pais perfeitos não existem, é possível reverter situações conflituosas com os filhos melhorando a comunicação entre membros da família. Vale lembrar também que a qualidade do tempo que dedicamos às crianças é mais importante do que a quantidade de tempo disponível. A formação dos nossos filhos está relacionada às informações que recebem diariamente do ambiente em que crescem e se desenvolvem.

Isso significa afirmar que as crianças aprendem pelo que observam de seus pais e responsáveis, ou seja, aprendem por espelhamento ou modelagem. Sabendo disso, é possível compreender que o equilíbrio emocional começa dentro de casa e que, pelas interações diárias, podemos ajudá-los a desenvolverem as habilidades para se tornarem mais felizes e equilibrados, além de cultivarem sentimentos positivos, prosperando emocional, intelectual e socialmente.

Afinal de contas, o grande desafio dos pais é tornar possível que os filhos os enxerguem como um exemplo a ser seguido, dentro e fora de casa. E aí teremos orgulho de ouvirmos as famosas expressões: "os filhos são o reflexo dos pais" ou, então, "filho de peixe, peixinho é".

Veja que essas metáforas nos dizem muito e não precisam ser encaradas apenas destacando a aparência física e semelhança entre os pais e filhos, sobretudo quanto aos valores, condutas, escolhas, relacionamentos e resultados na vida.

Tenha certeza de que neste capítulo você vai conseguir, por meio das reflexões, sugestões e orientações, construir um relacionamento de respeito mútuo para uma convivência mais estável e ajudar seu filho a superar medos, a fazer escolhas saudáveis, a ser responsável, conectado com a família e a ser protagonista da própria história com disposição para correr atrás de seus sonhos e metas.

Além disso, pretendo reforçar sobre a relevância da figura do *Kid Coach*, pois traz benefícios não só para a criança como também fortalece vínculos e melhora o relacionamento entre todos os envolvidos, despertando talentos e habilidades para lidar com sentimentos e dificuldades do dia a dia, focando no futuro, ou seja, nas ações que podem ser feitas na busca pela felicidade e pelo bem-estar da família.

Outra metáfora que utilizo explica sobre a importância do exemplo dos pais aos seus filhos: "os filhos podem fechar os ouvidos para as orientações, mas abrem os olhos para os exemplos". Trocando em miúdos, quero dizer que muitas vezes os filhos não ouvem os pais, mas certamente os imitam em tudo. Essa metáfora é tão boa quanto verdadeira. Pense em você, na posição de pai e mãe. Vocês já foram um dia filhos e com certeza há vestígios dos comportamentos de seus pais nas ações que praticam, consciente ou inconscientemente. Feche os olhos e tente se lembrar o que ouvia de seus pais quando você era criança.

Por mais que os pais se esforcem em fazer o melhor, há uma tendência em seguir como base o que aprendemos quando éramos pequenos. Imitamos gestos, comportamentos e valores que aprendemos com nossos pais. Seja mantendo os moldes que recebemos das nossas famílias de origem ou rompendo os moldes adquiridos, mesmo assim essa "nova educação" está embasada na educação que recebemos. É evidente que precisamos ser gratos aos nossos pais, afinal nos ensinaram e nos amaram do jeito que acreditavam ser o melhor para nós. Será que alguns comportamentos de seus pais que você não gostava estão sendo reproduzidos na educação dos seus filhos?

Partindo disso, pense em você enquanto pai e mãe. Como se comporta, como reage às pressões? Será que aquilo que você exige de seus filhos é o que pratica? Quais são seus principais valores? Eles estão claros para sua família? Pense um pouco mais: a criança que ainda habita em você se orgulha do adulto que se tornou? Será que seus filhos, ao verem os seus exemplos, poderão imitá-los?

O comportamento da criança é um reflexo de como ela enxerga os demais comportamentos de quem mora com ela. Daniel Siegel, em seu livro *O cérebro da criança*, afirma que: "conforme as crianças se desenvolvem, seus 'cérebros' espelham os 'cérebros' de seus pais". À medida que os pais se tornam mais conscientes de sua nobre missão e emocionalmente saudáveis, seus filhos absorvem tais ganhos e se tornam igualmente saudáveis.

Um exemplo que mostra que quando falamos algo e não praticamos o que ensinamos não faz nenhum sentido para as crianças é querermos que os filhos prestem atenção em nós, olhem nos nossos olhos e estejam atentos para o que estamos falando, pedindo ou ensinando. Geralmente nossos filhos só tiram os olhos dos eletrônicos depois que perdemos a calma e começamos a gritar, não é mesmo?

No entanto, quando estamos atarefados, envolvidos na correria do mundo contemporâneo, irritados e preocupados nem sempre atendemos ao que as crianças querem falar ou precisam de nós. O exemplo é tudo. Quando os filhos pedirem por sua atenção, deixe prontamente o celular de lado e passe a olhar nos olhos deles, se conectando com eles. Nunca deixe de olhar nos olhos de seu filho, pois é uma das melhores maneiras de interação, além de ser expressão de amor e cuidado. Seja o exemplo! Lembre-se: filhos imitam os pais em TUDO. Tanto nos bons quanto nos maus comportamentos.

A boa notícia é que hoje temos a oportunidade de aprendermos coisas novas e de nos preparamos para sermos pais e mães melhores. Uma das coisas mais encorajadoras que os pais podem fazer para seus filhos é dedicar regularmente um tempo especial para passar com eles. Chamo de "Tempo Especial Programado". Evidente que você já passa um tempo com os filhos, porém existe uma diferença entre "Tempo obrigatório, tempo casual e o Tempo Especial Programado".

A quantidade de tempo para esse encontro especial varia para cada família e em função da idade dos filhos. Crianças menores, uns dez minutos; para as maiores, meia hora aproximadamente. Importante que os pais calibrem esse tempo e vejam o que realmente funciona, o que faz sentido e se os resultados no relacionamento entre pais e filhos ganham qualidade.

A parte mais importante dessa estratégia é que os filhos saibam exatamente quando podem contar com um tempo que foi reservado especialmente para eles.

Existem inúmeras razões para encorajá-lo a colocar em prática esse tempo especial, mas vou destacar pelo menos três:

1. Os filhos sentem que são aceitos e que são importantes quando podem contar com um tempo especial com você.
2. Tempo especial programado é um lembrete para você ter em mente por que teve filhos e aprender a curti-los.
3. Quando você está ocupado e seus filhos querem atenção, é mais fácil para aceitarem se disser: "filho, não posso agora, mas estou ansioso pelo tempo especial que combinamos às quatro e meia".

Planeje o tempo com seus filhos, combine sobre o que podem conversar, sobre o que fazer juntos, fale de você, de suas conquistas, de seus fracassos e o que aprendeu com isso. Geralmente sugiro que os pais desliguem o celular para dar ênfase de que esse é um tempo especial e que não pode ser interrompido.

Acredite essa dica fará algo maravilhoso na sua família, estabelecerá uma conexão verdadeira, na qual todos entrarão em sintonia. Afinal, bons pais corrigem erros, pais brilhantes dedicam um tempo de qualidade para ensinar os filhos como pensar e agir cultivando o amor, a empatia, o respeito, os valores e o amor pelas pessoas e pela vida.

Pergunte para si mesmo: o que você quer para seus filhos? Quais qualidades espera que desenvolvam e levem para a vida adulta? Agora pense no percentual de tempo que dedica a desenvolver intencionalmente as melhores qualidades em seus filhos. Pensou? Como espera conseguir tudo que sonha para eles?

Será que existe um manual com as instruções para criar os filhos e obter sucesso total? Não, claro que não! Não existe nenhum passo a passo que vai te dizer o que deve e como deve ser feito. Bom seria se criar os filhos fosse igual a fazer um bolo. Coloca os ingredientes na medida certa, depois assa a massa para, em seguida, desfrutar de um delicioso bolo, certo?

No caso da convivência entre pais e filhos, a receita de bolo não existe. É preciso saber ouvir, acolher os sentimentos deles, ensiná-los a considerar os sentimentos dos outros, fazer boas perguntas, evitando sermões intermináveis e, acima de tudo, juntos, refletir quando algo acontecer que não foi legal e trouxe resultados e consequências ruins.

Outro ponto que destaco se refere à forma como mostramos aos filhos que certos comportamentos não são adequados e trazem sentimentos e resultados ruins. Quando isso acontecer, aproveite esses momentos para ensiná-los e não simplesmente puni-los. Seja coerente e pense de que forma poderá ensinar o filho a mudar de atitude. Essa postura dos pais com toda certeza educa, promove o desenvolvimento moral da criança e tende a eliminar o comportamento indesejado por conscientizar a criança no que ela precisa fazer diferente.

Recentemente atendi uma mãe que relatou ter tirado a sobremesa do filho durante uma semana, porque ele não acompanhou atentamente as aulas *on-line* com a professora e por isso não teve um bom desempenho nos trabalhos da escola. Pergunto: qual a relação entre sobremesa e a falta de atenção na aula à distância e o desempenho ruim nos trabalhos? Sem julgar a atitude dessa mãe, pense o que você faria para ajudar seu filho a melhorar as notas na escola. Se dependesse só de você para ajudá-lo, agiria de que jeito?

Entenda que a educação baseada em castigo não é nada além de negligência emocional. Não ensina valores de ética e responsabilidade. Pode levar a criança a aprender a mentir e disfarçar seus sentimentos e a esconder coisas dos pais. Pode levar à baixa autoestima em geral. Da próxima vez que precisar mostrar para seu filho que o comportamento dele não está certo, reflita em como usar essas situações para gerar aprendizagem e amadurecimento.

Por fim, quero encorajá-lo a colocar em prática o que aprendeu até aqui. Reflita que, se continuarmos agindo da mesma forma como agimos até agora, já saberemos os resultados que teremos na vida das pessoas que são donas do nosso coração. Se mudarmos nossas atitudes com eles, certamente veremos novos e melhores resultados na vida de todos e certamente ficaremos felizes e confiantes no tipo de pai e mãe que nos tornamos e no quanto ajudamos nossos pequenos a se tornarem pessoas do bem.

Note que quanto mais momentos de diálogo, acolhimento e conexão olho no olho, menos momentos de estresse, brigas, desrespeito, sabotagem dos combinados, falta de colaboração, birras e, consequentemente, mais experiências de amor, respeito, gratidão e compaixão. Com isso as crianças crescerão seguras, desenvolverão o sentimento de autoeficácia, terão autoestima forte e abastecerão seu "tanque emocional" com sentimentos e emoções positivas que são fundamentais para viverem em sociedade.

Outro ponto que merece atenção se refere ao reservatório emocional das crianças. Imagine o tanque de seu carro, você o abastece para garantir que funcione bem, correto? Se faltar combustível, o carro para. Se colocar qualquer combustível, poderá ter problemas com o desempenho de seu veículo também. Essa ideia se aplica ao fato de termos um "tanque emocional. Quando o tanque emocional das crianças trabalha na reserva ou não recebe os aditivos certos, veremos, infelizmente, filhos com fraqueza emocional, sensíveis ao extremo, pouco resilientes, nada empáticos, arrogantes, dependentes crônicos da aprovação dos outros, inseguros, hostis, enfim, adultos infelizes que não gerenciam as próprias vidas nem assumem os resultados de suas escolhas.

No livro *As Cinco Linguagens do Amor com Crianças*, de Garry e Ross Campbell, podemos aprender a identificar como abastecer o tanque emocional dos filhos pelas cinco linguagens do amor com as crianças. Os autores nos ensinam que as crianças têm uma maneira especial de se sentirem realmente amadas e esclarece que as linguagens são: palavras de coragem, pequenos favores, tempo de qualidade, toque físico e presentes.

Evidente que os pais podem expressar o amor de várias maneiras, mas é fundamental conhecer a principal forma pelo qual o filho se sente amado. Caso contrário, pais e mães terão a sensação de que fazem tudo pelo filho e, mesmo assim, não é suficiente para que se sinta amado, valorizado e feliz. Você conhece qual a principal linguagem de amor de seu filho? Leia o livro, essa atitude fará uma grande diferença na sua vida e na vida dele. Falar a linguagem do amor de seu filho irá satisfazer a profunda necessidade de amor que ele sente. Nada funcionará bem se as necessidades emocionais e afetivas das crianças não forem saciadas.

Há anos me dedico a ajudar os pais no processo de educar os filhos, mostro que existe um caminho a ser construído, sem desvios ou atalhos e que precisamos nos preparar para percorrer essa estrada e chegarmos ao destino desejado. Não podemos cair em ciladas acreditando que o que sabemos já basta para nossos filhos serem desenvolvidos emocionalmente. Reflita mais o quanto você estudou para ser o profissional que se tornou. Pense no quanto se preparou para ser pai ou mãe. Note se está se dedicando a construir uma história de amor com seus filhos. Se está sendo capaz de viver os valores que espera que aprendam e vivam também. Acima de tudo, pergunte se está demonstrando o amor verdadeiro e incondicional para eles. Esse tipo de amor funciona como um alicerce sobre o qual a criança segura se tornará uma pessoa adulta amorosa e generosa.

Amor incondicional não significa dizer sempre *sim* para os filhos. Não somos o mágico da lâmpada que atende aos pedidos e realiza todos os desejos. Filhos não podem ser tratados como bibelôs de porcelana. Atitudes coerentes dos pais e os limites colocados adequadamente não diminuem o combustível emocional dos filhos. Pelo contrário, geram segurança emocional, confiança e previsibilidade, aspectos fundamentais para o desenvolvimento emocional equilibrado. Assim, os filhos passam a se identificar com os pais e não a temê-los. Passam a aceitar a orientação deles sem se ressentirem ou se tornarem hostis.

Somente o filho que se sente genuinamente amado e cuidado por seus pais poderá desenvolver o seu potencial, ser grato, aprender a se autorregular, ter clareza do certo e do errado, fazer boas escolhas e, acima de tudo, ser uma pessoa realizada, feliz e protagonizar sua vida.

A tarefa de educar não é simples, mas é possível. Acredito que você entendeu que equilíbrio emocional começa em casa, com pais que entenderam a necessidade de romper com padrões comportamentais e práticas sem sentido. Podemos tornar a missão que parecia impossível em uma tarefa extremamente enriquecedora e valiosa. Criar filhos é, sem dúvida, uma aventura na qual todos aprendem, todos entendem que podem ser melhores a cada dia e que, juntos, podem lidar com os altos e baixos da vida.

O meu trabalho como *Kid* e *Teen Coach* consiste em trazer clareza, esperança e ação para crianças, pais e todas as pessoas que fazem parte da vida delas. Clareza de quem são e aonde querem chegar. Esperança para entenderem que tudo pode ser melhor e que é possível construir um relacionamento abundante e emocionalmente saudável. Ação para que rompam com padrões, crenças e hábitos e assumam novos comportamentos e obtenham novos resultados.

Afinal, quem não sonha em criar os filhos e não enlouquecer?

Filhos não precisam de super-heróis ou mulheres maravilhas, precisam de pais que amem, que encorajem, que ensinem com zelo e respeito. Se os pais forem inábeis na educação das crianças, não conseguirão desenvolver o amor-próprio. Não aprenderão a se amar.

O programa *Kids* e *Teen Coaching*, cuja metodologia denomina-se *Core Kid Coaching*, foi idealizado por Márcia Belmiro e consiste em ferramentas e técnicas pensadas justamente para auxiliar pais e filhos a se fortalecerem como tal e, juntos, superarem as dificuldades da vida. Significa direcionamento para os pais e novas perspectivas para as crianças se tornarem empoderadas para vencer medos e inseguranças. São auxiliadas a entenderem a relação entre pensar, sentir e agir. Assim conseguem lidar melhor com tantas opções que o mundo oferece fazendo escolhas mais conscientes.

Por essa e outras razões, toda criança merece um *Kid Coach*. Afinal, os filhos sempre merecem o melhor que podemos oferecer.

Paro por aqui, mas se o que leu até agora fez sentido para você, continue sua leitura e veja como é possível sermos melhores a cada dia.

Referências

CAMPBELL, Garry. *As cinco linguagens do amor das crianças*. São Paulo: Mundo Cristão, 1999.

SIEGELL, Daniel J. BRYSON, Tina P. *O cérebro da criança*. São Paulo: nVersos Editora, 2015.

2

O PODER DE SABER PARA ONDE IR

Neste capítulo, você encontrará estratégias para buscar clareza, que vai ajudá-lo a conquistar aquilo que deseja para sua vida, especialmente na área financeira. Para quem não sabe aonde ir, qualquer caminho serve. Acredite! Para tudo o que você pretende fazer, clareza é essencial.

LUÍS ARTHUR DAHER

Luís Arthur Daher

Graduação: Direito (2011). Instituição: Pontifícia Universidade Católica de Goiás – PUC/GO. Inscrito na Ordem dos Advogados do Brasil, Seccional de Goiás, sob o nº 35.413. Pós-graduado em Direito Civil e Empresarial pela Faculdade Damásio de Jesus (2014). MBA em Direito Médico Aplicado à Saúde pelo Instituto de Pós-Graduação e Graduação – IPOG (2017). Curso avançado de inglês (CBBEU *English Course* – 2004). Curso *Equilíbrio Financeiro* (Gustavo Cerbasi – 2017). Curso *Jornada Financeira* (Nathalia Arcuri – 2018). Curso *Aprenda a montar o seu negócio digital – Trabalhe em casa* (Marcos Castro – 2019). Curso *Inteligência Financeira* (Gustavo Cerbasi – 2019). Curso *Fórmula de Lançamento* (Érico Rocha – 2019). Curso *Profissão Coach* (Geronimo Theml – 2019). Formação em Coaching Criacional pelo Instituto Gerônimo Theml International Coaching – IGT (2019). Formação em Análise Comportamental pelo Instituto Gerônimo Theml International Coaching – IGT (2019). Curso *Viver de Renda* (Bruno Perini – 2020).

Contatos
luis.arthur.db@outlook.com
Instagram: @luis.arthur.db
62 99973 0050

Achou provocante o resumo da primeira página deste capítulo? Ainda não viu nada! Eu gosto de começar falando da importância de se ter clareza daquilo que quer por um motivo simples: se não sabe para onde ir, tomará qualquer caminho que aparecer na vida e isso não significa que será algo certo para você.

Imaginemos a seguinte situação: você está viajando de carro sem GPS e, por algum descuido, pegou o caminho errado por 30 minutos. Perdeu, no *mínimo, uma hora*, porque vai gastar a mesma meia hora para retornar ao lugar onde errou, contabilizando mais a meia hora se não tivesse errado o caminho.

Quando não sabe o caminho para onde ir, qualquer saída para outra rodovia faz reduzir a velocidade para que verifique se é a saída correta. Começou a entender a importância da clareza? Eu gosto de compará-la ao uso do GPS. Ao ser guiado por ele, você sabe exatamente o caminho que deve percorrer e pode sempre ficar na faixa da esquerda, a qual possui o fluxo mais rápido.

Sem o GPS, fica sujeito aos desvios que a estrada (a vida) impõe. Vamos trazer ao caso concreto da minha área de atuação. Eu sou *coach* financeiro e, como esse caso do GPS, ou seja, a clareza pode impactar a sua vida? Se você não tiver clareza da importância de cuidar das suas finanças, será rendido pelos imprevistos da vida, que são:

- a farra na sexta-feira à noite, com amigos ou familiares;
- presentes de aniversário;
- datas comemorativas como festas de final de ano, Carnaval, Páscoa, Dia das Mães, Dia dos Pais, Dia das Crianças ou as férias de julho. Tudo se repete em um famoso círculo vicioso.

Percebe como todos os meses somos bombardeados com imprevistos? Aliado a isso, existe a crença limitante de que todo ser humano deve viver seguindo um roteiro, estudar até os 24 anos aproximadamente (até esse momento não obtemos renda suficiente para pensarmos num futuro próspero). Dos 24 aos 30, vem a pressão da família para casamento – com isso já iniciamos a vida endividados com a tal festa, pois todos querem ser convidados. Daí vem *quem casa quer casa*, as preocupações de onde morar e a pressão dos pais para que não seja longe deles. Dos 30 aos 40, quando a renda começa a subir, tem mais pressão para que os filhos comecem a fazer parte dos planos. Dos 40 aos 50, esses filhos precisam de cuidados cada vez mais caros, como moradia, alimentação e estudos. Dos 50 aos 60, quando seus filhos começam a se tornar independentes, vem o cuidado com seus pais, pois também não se atentaram para essas questões financeiras e perceberam muito tarde que a aposentadoria paga pelo governo é insuficiente para manter as despesas, especialmente quando cuidados com a saúde começaram a pesar no bolso deles em razão da idade. Dos 60 aos 80, você começa a entrar na mesma situação que seus pais estavam e percebe que já não tem a mesma qualidade de vida que tinha antes, muito menos pique para trabalhar. O que você começa a fazer? Justamente quando você deveria aproveitar mais a vida, começa a se desfazer de bens tidos como de alto valor sentimental para pagar algumas contas extras.

Essa pode não ser a sua realidade. E se não for, parabéns! Você faz parte de 1% da população que se preparou para uma velhice tranquila. Mas se for, não se desespere. Tem conserto e vamos começar a trabalhar sobre elas aqui. É claro que o caminho é longo e não vai se resolver neste capítulo. Por agora, você terá ferramentas para começar a mudar a sua realidade e a de sua família. Vamos lá?

Quando falamos em finanças, precisamos estabelecer o que chamo de pilares da felicidade. Essa é uma concepção minha e não quer dizer que seja uma verdade absoluta, mas quero compartilhar com você. Aqui vamos falar sobre quatro pilares, que são:

1. realização pessoal;
2. realização profissional;
3. saúde;
4. realização financeira.

Aqui cabe conceituar cada uma delas. A realização pessoal envolve o seu contato com amigos e familiares. Você gosta de estar com eles? Você tem tempo para estar com eles? A realização profissional envolve gostar do que faz. Se para você trabalhar *é uma lamentação*, algo não está certo. Busque encontrar o que traz sentido profissional na sua vida. Experimente trabalhar com algo que lhe dê prazer e aos poucos faça uma transição de carreira (já adianto que não vai ser fácil). A saúde é primordial. De que adianta ter todo o dinheiro do mundo se vai gastá-lo tentando recuperar a saúde porque não se cuidou na juventude? Por último, realização financeira *é a junção das outras* três elevada a estratégias de ganhar dinheiro. Quantas pessoas você conhece que são realizadas pessoal e profissionalmente, têm saúde, mas não fazem dinheiro como gostariam? Até isso tem que ser pensado estrategicamente.

Você percebe que, se não tiver um dos pilares, dificilmente conseguirá ser essencialmente feliz? Eu não sei o que é felicidade para você, mas para mim se relaciona com os pilares que acabei de mencionar. Cabe a você descobrir o que é felicidade – daí a importância da clareza – e com isso buscar se realizar. A partir de agora, vamos começar a tratar do que é essencial não para que alcance o 4º pilar, mas o que deve fazer para mantê-lo e multiplicá-lo de acordo com seu padrão de vida.

Ao pensar em planejamento financeiro pessoal, qual deve ser a primeira coisa a se pensar? A resposta parece óbvia, mas não a subestime, devemos pensar aonde queremos chegar. Então, pergunto: quanto custa para se manter? A resposta envolve algo que 99% da população não gosta e é por isso que 99% da população passa dificuldade na aposentadoria: planejamento.

Planejar não é se tornar escravo dele. É não se tornar escravo das circunstâncias. Lembra as adversidades que citei no início deste capítulo? Sim, você deve se planejar para elas. Para saber quanto custa, é preciso colocar no papel (ou em planilhas eletrônicas) tudo aquilo que gasta. É muito fácil saber quanto custa seu aluguel ou prestação da casa, prestação do carro, parcela da escola, conta de água, luz e Internet. Mas e o seu lazer? E o seu momento a dois ou com a família? E o seu chocolate pós-almoço, a água de coco no parque e a cervejinha do final de semana? Você também computa ou só vai passando no cartão para depois resolver? Percebe onde está o problema? Veja como a linha é tênue: se vive no limite ou acima de suas posses, com casa com alto valor de mercado e carro de luxo, a qualquer momento as suas finanças podem virar uma bola de neve. Além disso, têm os pequenos valores que não dá atenção e que a cada mês vão sufocando também as contas mensais.

Quando um cliente busca a minha ajuda para resolver as questões financeiras, a primeira coisa que pergunto é: o que você está buscando aqui comigo? A maioria responde *não sei* ou que está em busca de um milagre, esperando que eu resolva todos os problemas. A verdade é que somente você é capaz de sair da situação que se colocou. À medida que a sessão vai se desenvolvendo, respostas como se organizar, saber o quanto ganha, o quanto gasta e onde começar a investir vão aparecendo.

A partir daí, a sessão progride para outros termos, como, por exemplo, quanto você gostaria de ter de renda, proveniente dos seus investimentos, para que nunca mais precisasse trabalhar por obrigação? A pessoa logo me apresenta um número. Se esse número for dez mil reais por mês, falo que, para se ter tal valor de renda dos investimentos, precisa ter investido a quantia de aproximadamente três milhões de reais. Essa é uma conta rápida que fazemos para apresentar de imediato ao cliente. Eu sei, é chocante e parece inalcançável. Mas não é. E há ferramentas e medidas aceleradoras que podem mudar esse cenário. Basta querer e topar pagar o preço. Não vou me estender muito na sessão que trabalho de início.

Como começo a mudar minha realidade financeira? O primeiro passo é mudando a sua mente – o famoso *mindset*. Eu sei, está clichê. Mas se é clichê, é porque funciona. A partir de agora vou dar características de ciclos pessoais que as pessoas vivem e como começar a mudar a sua realidade financeira.

Como diz Gustavo Cerbasi em seu livro *Mais tempo, mais dinheiro*, já parou para pensar como algumas pessoas têm o que parece ser uma "sorte natural" em tudo aquilo que fazem? Já observou como algumas pessoas parecem transformar tudo o que tocam em ouro? Que a vida para essas pessoas flui naturalmente? Você chega a ficar impressionado com o modo como problemas de tempo e de dinheiro são facilmente resolvidos por elas.

Você também já reparou que existem pessoas que são exatamente o oposto? Gente que vive cheia de problemas financeiros, sem tempo para nada, reclamando de tudo, lotada de urgências e que, aparentemente, sempre retorna ao mesmo ponto, dando a impressão de que a vida não sai do lugar ao longo dos anos?

Enquanto muitos parecem estagnados ou afundados cada vez mais, outros parecem evoluir constantemente. Os dois cenários são extremamente comuns quando observamos as pessoas em seus aspectos de tempo e dinheiro. Esses dois extremos são o que chamamos de ciclos pessoais, que são formas que escolhemos para viver, conduzir nossas escolhas e obter os resultados pessoais.

Quero que você imagine que uma pessoa cuja vida esteja em evolução – ou seja, prosperando em diversas áreas pessoais – completará cada ciclo de sua vida em um patamar mais elevado do que aquele em que estava quando iniciou. Uma pessoa em decadência financeira, profissional ou de saúde completará cada ciclo em um patamar mais baixo. É como se, em vez de completar um trajeto circular, essa pessoa estivesse percorrendo uma espiral em sua vida.

Uma espiral é uma linha que dá voltas em torno de um ponto em seu centro de forma a se afastar ou se aproximar desse eixo central de acordo com o sentido em que ela percorrer. A espiral ascendente, que vai para cima, chamaremos de Ciclo da Prosperidade, justamente o que ilustra a vida das pessoas que têm resultados, que conseguem ter prosperidade financeira, tempo de forma sustentável para fazer as coisas realmente importantes e para seus relacionamentos. Seus ciclos de vida formam literalmente uma espiral ascendente, porque quem vive está sempre evoluindo, sem parar no ponto e estacionar. A cada ano, a pessoa avança para os níveis superiores.

A espiral descendente, que caminha no sentido oposto, chamaremos de Ciclo da Frustração. Representa as pessoas que vivem reclamando, a quem falta tempo para tudo, compromissos se acumulam, dinheiro acaba antes do fim do mês, não conseguem poupar nem dedicar momentos importantes para si próprias. Quando as más escolhas resultam em problemas, como comprometimento da saúde, estagnação na carreira enquanto os gastos da família crescem, aumento do peso e afastamento dos amigos, identifica-se claramente uma espiral descendente, pois as pessoas que vivem assim se sentem decaindo. A cada ano que passa, os problemas aumentam.

Entre as espirais, podemos identificar uma situação intermediária, a das pessoas que vivem em uma rotina que jamais muda. Afirmam que não têm problemas, mas também não conseguem realizar sonhos. Orgulham-se de ter as contas em dia, mas não fazem poupança. Quando perguntadas sobre como está a vida, a resposta costuma ser "vai indo...". Podemos afirmar que essas pessoas não têm nas espirais de suas vidas a variável altura que as faria mudar de patamar de tempos em tempos. Como elas se mantêm no mesmo nível, denominamos essa situação de Ciclo da Sobrevivência. É uma situação estática e repetitiva. Sua vida consiste simplesmente em sobreviver, num eterno e burocrático acordar-comer-trabalhar-dormir. Muitas vezes essa sobrevivência cria voltas enormes ao longo do ponto central. Literalmente, a pessoa não sai do lugar, mas tem um trabalho enorme para manter sua vida na atual situação, muitas vezes por falta de organização pessoal. Ou melhor, por falta de tempo para se organizar.

Um fator pertinente aos ciclos é que são os verdadeiros consumidores de três recursos básicos: nossa energia, nosso tempo e nosso dinheiro. No Ciclo da Prosperidade, esse consumo cria propulsão para gerar mais energia, dinheiro e tempo. No Ciclo da Frustração, essa trindade é consumida, mas com efeito contrário, apenas dispersando esses recursos – tudo que fica é cansaço, estresse e desânimo. No Ciclo da Sobrevivência, o desperdício ou mau uso dos recursos simplesmente não gera resultados, pois o esforço e a iniciativa para mudar são pequenos.

Eu não consigo me alongar com você nesse tema. Espero que tenha entendido o que é preciso para iniciar uma revolução financeira na sua vida. Caso queira realizar o teste sobre os ciclos pessoais, para identificar em qual se encontra, não hesite em falar comigo. Isso vai garantir uma sessão exclusiva para você.

Um abraço e até a próxima.

Referência

BARBOSA, C. CERBASI, G. *Mais tempo, mais dinheiro.* Rio de Janeiro: Sextante, 2014.

3

JORNADA DA REALIZAÇÃO FINANCEIRA

A Jornada da Realização A5C é um dos pilares da metodologia do *Coaching* Criacional. É a linha mestra para *coaches* criacionais conduzirem as transformações em seus *coachees*. Em finanças, não seria diferente e mostro como a Jornada da Realização Financeira guia as conquistas financeiras. Como cereja do bolo, apresento a teoria da Evolução da Espécie Financeira e como usar a Jornada da Realização para evoluir e se tornar um *Homo Milionarius*.

CLAUDIO MUNHOZ

Claudio Munhoz

Escritor, especialista em finanças pessoais e investimentos. *Master coach* criacional, mentor e consultor financeiro. Dissemina seu profundo conhecimento no manejo com dinheiro e investimentos por meio do programa Evolua Suas Finanças, que mostra o melhor e mais curto caminho para aqueles que querem evoluir financeiramente. Formado em Ciências Contábeis pela USP (Universidade de São Paulo), MBA Executivo em Finanças no Insper, *Coach* Financeiro pelo ICF e *Master Coach* Criacional pelo IGT. Entre outras experiências em finanças, trabalhou por 12 anos em instituições bancárias (Itaú e Santander), onde adquiriu vivências incríveis em finanças e as melhores práticas de organização, planejamento financeiro e investimentos.

Contatos
www.coachclaudiomunhoz.com.br
www.evoluasuasfinancas.com.br
claudio@coachclaudiomunhoz.com.br
Instagram: @coachclaudiomunhoz ou @evoluasuasfinancas
Facebook: @coachclaudiomunhoz ou @evoluasuasfinancas
YouTube: @coachclaudiomunhoz ou @evoluasuasfinancas
11 96438 1005

> *Começamos o processo e não terminamos nossos projetos porque simplesmente não temos o plano adequado para atingir a linha de chegada.*
> THEML, 2020, p. 35

Pensando de forma ampla, podemos dizer que tudo aquilo que queremos conquistar nas nossas vidas deve ser encarado como uma jornada. Pode ser a jornada para emagrecer, para passar em um concurso público ou algum vestibular, para mudar de carreira, da espiritualidade, para maternidade/paternidade, para um melhor relacionamento e a realização financeira, é claro!

Agora, imagine se, em cada uma dessas jornadas que temos de enfrentar nas nossas vidas, pudéssemos trilhar com mais assertividade e rapidez. Não precisa ficar só na imaginação. Existe um profissional que o conduz nas jornadas da vida e o ajuda a chegar nas conquistas que tanto deseja: o *coach*.

Comparada a outras profissões, o *coach* é uma profissão relativamente nova no Brasil, mas, com certeza, veio para ficar e por um motivo simples: funciona. Claro que, como em todas as profissões, só funciona quando levada a sério. Cabe, então, a cada um que buscar um *coach* avaliar para escolher bem, assim como fazemos com qualquer profissional. Agindo dessa forma, é recomendado um *coach* para qualquer jornada que quiser trilhar e, como bem diz o título desta obra, todo mundo merece um *coach*.

Na frase em epígrafe, Theml cita: "*não terminamos nossos projetos porque simplesmente não temos o plano adequado*". Complementaria dizendo que é importante seguir uma metodologia clara e precisa, que traga um processo bem definido com metas desafiadoras e atingíveis. Ampliando ainda mais esse conceito, Theml também ensina, em um dos pilares da Metodologia de *Coaching* Criacional, que a Jornada da Realização é composta por 5Cs e 1A (A5C): Clareza, Caminho, Caminhada, Consistência e Conquista, com Alinhamento.

Neste capítulo, a intenção é deixar claro que as conquistas financeiras almejadas não são frutos de um golpe de sorte, mas resultado de toda uma evolução e de uma Jornada da Realização Financeira. Para isso, mostrarei, em cada uma das etapas da jornada da realização, como devemos atuar para, de fato, atingirmos a realização financeira.

Clareza financeira

Para começar a Jornada da Realização Financeira, é importante ter a clareza financeira sobre a situação atual e aonde quer chegar. Nessa etapa da jornada, muitas pessoas não têm o mínimo conhecimento de como está a própria situação financeira. E quando falo o mínimo, é o mínimo mesmo. Não sabem quanto ganham ou gastam por mês, ou, ainda, quanto têm de dívidas ou quanto sobra para investir com regularidade.

Nessa etapa da jornada é comum ver pessoas sonhadoras e vislumbrando a conquista financeira, mas tudo no campo dos sonhos. De maneira alguma, estou dizendo que não devemos sonhar ou algo do gênero. O que estou trazendo à tona é que sonhar, sem ter a clareza financeira, não vai levar a lugar algum.

Para ter uma jornada de realizações financeiras, comece tendo a clareza da própria situação financeira e quais conquistas quer atingir. Refiro-me a fazer um controle periódico das finanças pessoais e das próximas conquistas que aspira para caminhar em direção à realização dos sonhos.

Caminho financeiro

"Se você não sabe para onde quer ir, qualquer caminho serve". Essa conhecida frase dita pelo gato à Alice, no filme *Alice no País das Maravilhas*, se encaixa perfeitamente no conceito de caminho financeiro.

Em termos de finanças, o que mais representa um caminho financeiro é o planejamento financeiro ou, como alguns costumam chamar, orçamento doméstico. Diria que não é somente planejamento de curto prazo (planejamento do ano corrente), mas um bom planejamento de médio prazo como, por exemplo, para adquirir um carro ou uma casa. Tem ainda o de longo prazo, que seria para aposentadoria.

Então, se você realmente quer atingir suas conquistas financeiras, tenha um detalhado planejamento financeiro que o guie para suas conquistas financeiras.

Caminhada financeira

De que adianta ter clareza financeira e ter traçado um excelente planejamento financeiro se não se colocar em movimento?

A caminhada financeira exige que os passos sejam dados, que o plano traçado seja colocado em prática. Sabe aquele gasto que planejou cortar ou aquele esforço a mais para uma renda extra que se comprometeu no planejamento? Então, essa é a etapa da jornada para colocar em prática tudo aquilo que planejou.

Esse é o momento de fazer as devidas economias e buscar por rendas extras. Tudo deve estar bastante claro para você, de acordo com o que foi planejado no estágio anterior. Movimente-se!

Consistência financeira

A Consistência Financeira é o estágio em que deve repetir com regularidade tudo aquilo que iniciou e vem conduzindo para a conquista.

É o momento de não esmorecer e seguir até a conquista financeira que tanto sonhou na etapa da Clareza Financeira. Momento de reforçar o propósito que o levou a começar sua jornada da realização financeira e reforçar também a Conquista Financeira que atingirá.

Agir com consistência, passo a passo, focando a conquista financeira é a principal lição do C de Consistência!

Conquista financeira

A conquista financeira vai chegar. Cumprindo as etapas da Jornada da Realização Financeira, as conquistas a que se predispuser serão atingidas.

Os maiores sonhos que precisam de dinheiro para serem realizados podem ser conquistados. Por exemplo, a compra de uma casa ou um carro, sair das dívidas, investir até a liberdade financeira, ter uma aposentadoria tranquila, fazer uma viagem internacional, entre outros sonhos, são perfeitamente factíveis e serão atingidos se a Jornada da Realização Financeira for seguida.

Lembre-se sempre de agradecer quando atingir qualquer conquista financeira. O mundo é abundante e realizar os sonhos é plenamente possível para todos.

Alinhamento financeiro

O que seria o alinhamento financeiro? A Jornada da Realização Financeira tem de estar alinhada com o que você é na essência. Temos nossos valores, crenças, perfil de comportamento e agimos de acordo com tudo que construímos ao longo da nossa vida.

As nossas decisões financeiras e sonhos para a jornada precisam estar alinhados com o que somos. Por exemplo, se você é uma pessoa que tem o valor da segurança, dificilmente vai fazer aplicações financeiras que envolvem mais risco, ou seja, seus investimentos serão mais conservadores. Outro exemplo é daquelas pessoas que têm o valor alto de liberdade, que provavelmente terão dificuldades em guardar dinheiro.

Assim, fica muito claro que, ao vislumbrar um sonho e traçar um planejamento para a sua conquista financeira, é importante verificar se aquele sonho está alinhado com a própria essência.

Jornada para a evolução da espécie financeira

Neste capítulo, trago para reflexão a Jornada da Realização Financeira. Trago também à tona a reflexão de que tudo o que buscamos nas nossas jornadas é evoluir. Em qualquer jornada, o que buscamos é sempre dar passos de evolução. Assim, já parou para pensar o que seria a evolução? Quando falamos em evolução, somos remetidos à *Teoria da Evolução das Espécies* de Charles Darwin, certo?

Em 24 de novembro de 1859, Darwin publicou a obra *A origem das espécies*, na qual afirma que os seres vivos descendem de ancestrais comuns que se modificam ao longo do tempo. Assim, as espécies existentes foram evoluindo de espécies mais simples que viveram antigamente.

Darwin defende sua teoria baseando-se no princípio da seleção natural, em que somente as espécies adaptadas às pressões do ambiente são capazes de sobreviver, se reproduzir e gerar descendentes.

Baseado na teoria da evolução da espécie, podemos encontrar os nomes dados na evolução da espécie humana, que partiu de *Australopithecus* até chegar ao que é hoje o ser humano *Homo sapiens sapiens*.

E nas finanças, como seria a evolução da espécie financeira?

No programa *Evolua Suas Finanças*, a evolução da espécie financeira é dividida em quatro grandes indivíduos, sempre em um processo evolutivo. São eles:

- ***Homo Endividados:*** está no início da evolução da espécie financeira. Tem dívidas aos montes e, normalmente, é descontrolado financeiramente. Em geral, sua mentalidade financeira precisa ser desenvolvida da base.
- ***Homo Empatados:*** é aquele que está todo mês no sufoco. Conhecemos muitos desses indivíduos e são aqueles que ganham e logo gastam, sem conseguir guardar dinheiro. Passa o mês apertado financeiramente, correndo atrás de passar pelos próximos 30 dias sem entrar nas dívidas.
- ***Homo Poupadouros:*** esse é mais evoluído. Poupa com regularidade e investe boa parte do dinheiro que faz sobrar todo mês. Caminha para sua independência financeira e, em questão de tempo, realizará seus sonhos mais ousados.
- ***Homo Milionarius:*** é simplesmente o *homo poupadouros* que não parou de evoluir. Ele tem uma vida financeira plena e vive de renda passiva. Investe com regularidade e a origem da sua renda não é mais o trabalho diário e exaustivo. Ele está no topo da cadeia e utiliza seu tempo para desfrutar o que conquistou e multiplicar sua fortuna.

Como vimos neste capítulo, a Jornada da Realização Financeira e a evolução financeira estão diretamente ligadas. Para trilhar a completa Evolução Financeira da Espécie e um dia evoluir a *Homo Milionarius*, com certeza vai utilizar-se da Jornada da Realização Financeira algumas vezes para atingir cada etapa desse processo.

Próximo passo da Jornada da Realização Financeira

Temos inúmeros sonhos financeiros a serem realizados. Como próximo passo da Jornada da Realização Financeira, convido-o para refletir sobre cada um desses sonhos como se fosse uma jornada.

Qual o sonho que pretende realizar e em que estágio da jornada está esse sonho? Entender que conquistar os sonhos é uma jornada, e que tem que ser trilhada degrau a degrau, vai levá-lo a conquistar mais e ter uma vida financeira mais tranquila. Então, mãos a obras e identifique em que estágio da jornada está a próxima conquista financeira.

Referências

THEML, G. *Assuma o comando da sua vida: chegou a hora de parar de tentar e começar a conseguir*. São Paulo: Gente, 2020.

4

O QUE VOCÊ QUER SER AGORA QUE CRESCEU?

A vida passou muito rápido desde que nos perguntaram pela primeira vez o que queríamos ser quando crescêssemos. No passado, não nos deram manual, ferramentas ou apoio para encontrarmos a resposta. Agora que você cresceu, está mais forte e existe mais estímulo, conhecimento e ferramentas. Venho, então, convidá-lo a reformular a pergunta: o que você quer ser agora que cresceu?

DANIEL ANGI

Daniel Angi

Biólogo formado pela UNESP, *coach* criacional avançado pelo IGT, analista de perfil comportamental e compositor de MPB.

Contatos
daniel_angi_@hotmail.com
Instagram: daniel.angi.coach
Spotify: Daniel Angi
+506 84273944 (Costa Rica)

O que você quer ser quando crescer? Quando somos crianças essa pergunta é motivo de encantamento e tudo vira brincadeira. Somos o melhor jogador de futebol do mundo, bailarina ou astronauta. Com o tempo, ela nos arranca do mundo mágico da infância e nos arremessa ao mundo adulto, avisando que somos os responsáveis por criar nossa realidade e que, para isso, precisamos de clareza.

Um turbilhão de emoções e pensamentos assustadores nos invade e, como a maioria de nós não sabe bem o que quer, a primeira coisa que fazemos é concluir precipitadamente "eu não sei o que quero da vida!" E aí, tchau clareza!

Para piorar, a pergunta vem com peso de cobrança e urgência, em um momento da vida que estamos totalmente despreparados para entregar a resposta. Somos esmagados pelas coisas que a família, os amigos e a sociedade aprovam, desaprovam e esperam de nós; bombardeados com comentários do tipo "o quê? Isso não bota comida na mesa!", e nos abrem as portas para o mundo da comparação: "por que você não faz como o Fulano? Esse sim vai se dar bem na vida!"

Sem maturidade para enfrentarmos a situação, nosso pequeno ensaio do que seremos se vê ameaçado pela necessidade de amor e aceitação, talvez a maior necessidade humana. Desejamos ser "bons o suficiente" para merecer o amor das pessoas mais próximas e nossa vida passa a ser guiada pela "obrigação" de preencher a expectativa alheia. Aprendemos que clareza é um quarto escuro trancado pelas pessoas que mais amamos. Quem ousa abrir a porta quando o preço é tão alto?

Neste capítulo, convido-o a abrir a porta e acender a luz. Apesar de toda dor associada a esse quarto, chega um momento em que a dor de evitá-lo é ainda maior. Sem falar em tudo de bom que pode acontecer ao se permitir ser e fazer o que realmente quer, com a segurança de que isso não vai secar nenhuma fonte de amor e aceitação; pelo contrário, lembre-se de que as pessoas que outrora o limitaram, fizeram isso por amor, para protegê-lo.

Por que é tão importante ter clareza? Ora, por acaso você abre seu GPS sem incluir um destino e sai andando feito "barata tonta" pelas ruas? Clareza é o destino que devemos definir no GPS da vida para enxergarmos o caminho e termos discernimento na hora de escolher as ações que mais vão nos aproximar do que realmente vai fazer a vida valer a pena.

Para aprofundar, gostaria de falar sobre três conceitos integrados com os quais trabalho: propósito universal, sonho & propósito de vida e sucesso existencial.

Propósito universal é o porquê da nossa existência. Em uma palavra: evolução. Sermos cada vez melhores, rumo ao amor em sua máxima expressão. Independentemente de realizarmos nossos maiores sonhos, todos os dias temos a oportunidade de polir as arestas do nosso caráter ao lidar com as consequências de nossas ações mentais (pensamentos e emoções), verbais (palavras faladas e escritas) e físicas (gestos).

Sonho é aquela ideia do que nos faria realizados. Indica o que devemos transformar em nós para realizá-lo, aponta o caminho das pedras. **Propósito** é a força para remover as pedras do caminho, ou, ainda, fazer das pedras um caminho. É o porquê por trás do sonho. Por exemplo, imagine alguém que quer ser um ator consagrado (sonho) para viver uma vida plena, lapidando o melhor do seu talento e deixando sua família orgulhosa (propósito).

Para viver um sonho é preciso percorrer um caminho chamado "transformação". Você, exatamente do jeito que é agora, não pode viver seu sonho. Quem viverá o sonho e desfrutará a conquista é a pessoa na qual você irá se tornar, depois de treinada, desenvolvida e aperfeiçoada.

Tomemos como exemplo o nosso ator. Ele sonha que está sendo ovacionado por pessoas profundamente tocadas pela sua atuação no teatro mais importante do mundo, lotado. Se ele fosse transportado para lá agora, provavelmente não receberia esses aplausos. Ainda não fez *workshops* com os maiores nomes da dramaturgia, não aprendeu idiomas que abrirão portas e ainda não passou pelas experiências de vida que mais irão ajudá-lo a desenvolver aquela personagem. Só depois de passar por essas e outras experiências ele será a pessoa capaz de viver esse sonho.

Sucesso existencial: muita gente que tem a oportunidade de refletir sobre a própria vida no leito de morte começa a pensar na vida que poderia ter tido e que não teve. Sucesso existencial é, na melhor das hipóteses, a vida que poderia ter sido, e que foi. Na pior das hipóteses, você morre antes de ter conseguido, mas com a certeza de que deu o melhor de si.

Grandes personagens da história do planeta, como Mahatma Gandhi, seguiram esse caminho e trouxeram grandes contribuições para o mundo, inspirando e potencializando a evolução de toda a humanidade. Imagine o impacto que a sua realização pessoal pode ter no mundo.

Muito bem, agora que já temos uma ideia razoável do papel da clareza, vamos trabalhar um pouco na sua. Muitas pessoas acham que clareza é uma coisa que temos ou não, quando na verdade é uma coisa que temos que desenvolver. É um exercício de sintonia com o coração, de filtragem e priorização de "quereres", que envolve um processo de tomada de decisões, de coragem, de autoconhecimento e de muita sinceridade consigo mesmo.

Clareza é um "músculo". Se você não a exercita, acaba atrofiada. Se quiser gerar muita clareza de uma só vez, ficará esgotado. É preciso encontrar a dose certa entre exercício e descanso. Caminhar até onde vejo para ver além. Seria loucura esforçar-se para enxergar além da montanha no horizonte sem caminhar até seu topo. Por isso vamos trabalhar sua clareza com um "peso leve", definindo e conquistando um horizonte de cada vez, para que possa descobrir pouco a pouco o que quer ser, agora que cresceu, sem pressa e sem pressão.

Pegue papel, caneta e vá para um lugar tranquilo, com tempo e privacidade. Não é preciso se conectar com o maior objetivo da sua vida ainda. Fazendo uma analogia às tecnologias que definem a qualidade da imagem nos televisores, vamos começar com a "clareza HD" (alta definição), gerando clareza para 1 ano de vida. Então passaremos à "Clareza Full HD" (plena definição) - clareza para 5 anos de vida; depois, deixarei um convite para que você desenvolva a "Clareza 4K" (ultra alta definição) - para 10 anos de vida. Terminaremos com a "Clareza dos Pixels" (cada pixel é pontinho que forma uma imagem na tela) - que também chamo de "miniclarezas".

Exercitando a "Clareza HD": para facilitar, vamos dividir a vida em áreas e escolher somente uma para trabalhar. Se tiver dificuldade de definir uma área, faça uma "Roda da Vida". Atribua 8 áreas da vida que sejam fundamentais para você (ex.: profissional, relacionamento, família, social, finanças, espiritualidade, evolução pessoal e saúde). Sinta o quanto está preenchida cada área e atribua uma nota de zero a dez. Não pense muito. Provavelmente a primeira nota que vier à sua cabeça é a mais sincera. É bem provável que a área que tiver a menor nota, precise de maior atenção, sendo um bom ponto de partida. Outra saída é escolher trabalhar com uma área com o potencial de melhorar a vida como um todo.

Suponhamos que você queira evoluir em saúde. Pergunte-se: "dentro de 1 ano, como tenho que estar nessa área para sentir que evoluí?". Reflita e defina pelo menos três coisas que representariam essa evolução. Exemplo: "ter me exercitado 4 vezes por semana em pelo menos 80% do ano, fazer um exame de vista e ter feito um hemograma completo". Se precisar, acrescente mais coisas. Só tome cuidado para não exagerar e acabar com uma sensação de que não conseguiu. Seja realista.

Agora vamos deixar a sua clareza "esperta" com a técnica S.M.A.R.T., que é ao mesmo tempo uma palavra e uma sigla, uma vez que foi criada a partir da palavra inglesa *smart*, que significa "esperto", "arrojado"; para cada letra da palavra, foi atribuído um elemento a ser incorporado às metas e objetivos, a fim de torná-los factíveis. Esses elementos traduzidos são: "Específico, Mensurável, Atingível, Relevante e com Data marcada".

Nosso exame de sangue, por exemplo, ficaria SMART assim: hemograma completo no laboratório "Sangue Bom" no bairro da Saúde. É específico tanto no tipo de exame quanto no local. É mensurável porque podemos ver o resultado do exame. É atingível porque você mora perto e tem um dia da semana livre por mês. É relevante porque existe um histórico de anemia na família e quer eliminar essa preocupação. Agora é só colocar data e entrar em ação.

Escolha coisas que tenham um porquê claro, um propósito definido para que você entre em ação de forma poderosa e repita o exercício com as outras áreas. Não é preciso terminar o ano com nota 10 em todas. Se subir um pontinho em cada uma, já será um grande avanço.

Quando sentir que sua "clareza HD" está completa e SMART, pode começar a desenvolver sua clareza "Full HD". Exemplo: estar morando na praia. Deixe SMART! Específico: morando em Caraíva, entre zero a um quilômetro da areia, com um custo de vida de R$ 4.000 por mês. É mensurável porque você pode ter uma conta de luz com o seu nome. É atingível, basta planejar bem. É relevante para diminuir o estresse e ter uma vida tranquila. Data: até 15 de dezembro, daqui a 5 anos. Agora você pode voltar para "clareza HD" para ver se o que definiu realmente o leva para a "Full HD".

Talvez precise fazer ajustes. O próximo passo será gerar "clareza 4K". Provavelmente terá que ajustar as outras duas para seguir de forma cada vez mais assertiva.

"Clareza dos pixels" ou "miniclarezas" são as metas do mês para que chegue nas metas do ano. As metas da semana para que chegue nas metas do mês e as metas de cada dia para que chegue nas metas da semana.

Isso tudo, se bem equilibrado, é mágico! Pessoas que sofriam, perdidas com metas às vezes gigantes, agora podem se concentrar em um pequeno passo. Alguém que antes acordava frustrado pensando que tinha que perder 30kg, sem nem saber por onde começar, agora sai da cama para perder 4kg no mês, 1kg na semana e, hoje, somente se preocupa por agendar uma consulta na nutricionista e ir à academia.

É importante ir aos poucos. Comece com metas fáceis em uma área da vida que se dá melhor. Comemore e valorize cada pequena vitória com alegria. Pouco a pouco sua autoestima se fortalece e a autoconfiança vai se incorporando ao seu DNA, tornando-se sua resposta natural à vida.

Também é preciso refazer a clareza de tempos em tempos. Vivemos em constante transformação e muitas vezes já deixamos de ser a pessoa que definiu aquelas metas, meses ou anos atrás. A cada três meses, ajuste sua "clareza HD". Às vezes não é preciso mudar nada, outras há que redefinir objetivos e prioridades, alterar ações e implementar novos hábitos. A cada ano, redefina sua clareza "Full HD" - agora para quatro anos, porque um já passou.

Pode acontecer de descobrir que não quer de verdade algo que achava que queria muito. Como alguém que sonha em ser cantor e, com o andar da carruagem, percebe que não gosta da vida noturna, nem de tanto contato social. Se isso acontecer, está tudo bem. A pessoa pode procurar outras formas de se manter cantando e se redescobrir profissionalmente com o tempo.

E quando a clareza não vem? Pode ser que ainda tenha que fechar certos capítulos do passado. Um acompanhamento psicológico pode ser bem-vindo para "organizar a casa" antes de pensar em "sair para viajar". Pode ser que você só esteja estressado, precisando de umas boas férias. Muitas vezes precisamos nos distrair para pensar e sentir com clareza. Em todo caso, uma sessão de clareza com um *coach* criacional é sempre reveladora, em vários níveis, e pode ajudar bastante.

Muita gente acha que estabelecer metas claras acaba com a magia da vida e que o grande lance é deixar acontecer. Na verdade, nenhum extremo é bom. Quem vive muito solto se perde na própria liberdade e não alcança seus novos patamares, somente proporcionados pelo foco e pela constância. Quem fica obcecado com metas, também deixa de conhecer a magia de deixar fluir.

Devemos encontrar o equilíbrio entre fazer e deixar acontecer. Amar a vida que temos e o ser que somos, enquanto construímos a vida que queremos ter. Você só vai desfrutar a realização de um sonho quando souber desfrutar a vida que tem agora.

Cada pessoa tem seu tempo, sua forma de ser, seu ritmo para despertar e para caminhar. O importante é encontrar e respeitar o seu. Espero ter ajudado a sentir que a vida é uma bola parada na marca do pênalti e que, apesar do medo e da possibilidade de errar, no fim das contas o que importa não é se a bola vai entrar, mas chutar com toda a vontade do mundo de fazer o gol.

5

O PODER DO PLANEJAMENTO

Neste capítulo, você irá perceber e entender o grande poder que existe em planejar antes de executar, até porque muita gente não executa por falta de planejamento. Você entenderá a importância de ter clareza dos seus objetivos e como construir um plano de ação para alcançar qualquer meta na sua vida!

FABIANA PECEGO

Fabiana Pecego

Graduada em Administração com ênfase em Marketing. Pós-graduada em Gestão Financeira. *Coach* Criacional pelo IGT Coaching, especialista em Gestão Financeira e Finanças Comportamentais. Após 10 anos na carreira bancária, decidi seguir o meu propósito: **ajudar pessoas a conquistarem riqueza e liberdade financeira**. Hoje possuo um método simples e rápido, no qual o cliente alcança o controle das suas finanças em até seis semanas.

Contatos
Instagram: @fabianapecego.financas
fabianapecego@hotmail.com

Muitas pessoas sonham com uma vida próspera, uma casa bacana, um bom carro e conhecer muitos lugares. Alcançar tudo isso é totalmente possível, mas requer uma coisa: PLANEJAMENTO. Você deve estar pensando: "mas eu realizei tudo isso e nunca fui um planejador". Sim, talvez você tenha realizado muitas coisas e conheça pessoas desplanejadas que podem ter tido sucesso na vida. Mas tenho que falar uma coisa: com planejamento é muito mais tranquilo, mais assertivo e menos arriscado.

Vamos entender...

A palavra *planejar* significa "preparação para um trabalho com métodos eficientes, organizar plano ou roteiro, programar, projetar". Planejar traz controle e consciência nas suas escolhas. Além de ajudá-lo a usar os seus recursos com eficiência.

Imagine a construção de uma casa. É algo grandioso, o sonho de muitas pessoas, eu diria. Mas sem o projeto de um profissional fica complicado. Eu nunca construí, mas já reformei dois apartamentos, então posso dizer que esse planejamento é essencial. Ter o plano de execução em mãos nos proporciona a dimensão dos custos, o prazo, a quantidade de material e o resultado. Com o plano, podemos conhecer e calcular os riscos, por exemplo. Uma dessas reformas que fiz foi em pleno mês de dezembro. Mês de férias, em que a mão de obra costuma "enrolar" você. Dessa forma, já prevíamos um atraso na obra, que aconteceu, é claro!

Quero conversar muito sobre o poder do planejamento com você, porém temos um passo anterior, e muito importante por sinal. A primeira etapa de qualquer projeto é ter clareza do que queremos.

Ter clareza é imprescindível para a vida de qualquer ser humano. Quantas pessoas atendi que compravam um carro importado e não podiam arcar com os custos. Quantas mulheres que gastavam rios de dinheiro com bolsa e sapatos caríssimos e só se endividavam. Isso é típico de pessoas sem objetivo, sem meta e sem clareza de vida.

Quando a gente sabe o que quer até dizer um *não* fica mais fácil, sabia? Meu sonho sempre foi ajudar as pessoas a desenvolver a inteligência financeira, que a duras penas e muito estudo consegui alcançar. Meu trabalho é baseado nisso: traçar metas e criar planos financeiros para ver tudo acontecer. Certa vez recebi uma proposta para trabalhar como gerente financeira de uma grande empresa. E, claro, eu recusei a proposta. Se eu queria ajudar muitas pessoas com o meu conhecimento, não fazia sentido trabalhar de carteira assinada em um cargo administrativo. Perceba por meio desse exemplo como ter clareza do que queremos nos salva de muitas roubadas. Sim, eu poderia ter aceitado e estar até agora reclamando e me sentindo infeliz.

Quando dou início a um projeto com um cliente, na minha primeira sessão, nós já decidimos o que é importante para ele. Uso isso para a minha vida. No final deste capítulo, apresentarei para você a ferramenta incrível e poderosa que uso para definir meu plano de ação de qualquer objetivo, qualquer um mesmo.

Não sei se você já ouviu falar em "quadro dos sonhos". Eu tenho um. Lá coloco uma foto de tudo o que desejo viver. Uma casa maior e mais bonita, meu próximo modelo de carro, minha forma física, minha comunhão com a família, minhas realizações profissionais e minhas viagens. Tudo isso está lá, pendurado na parede. Olho todos os dias, pois não posso me esquecer de tudo o que preciso fazer hoje para alcançar esse resultado amanhã.

Depois de definir minhas metas, uso a ferramenta que apresentarei para você. Considere isso um presente, pois quero lhe ver conquistando a vida dos sonhos, assim como eu faço.

E clareza não é somente sobre o que você deseja, mas também do lugar em que está hoje. Se falarmos de finanças, pensaria em perguntas assim:

- O que você faz com o seu dinheiro?
- Como está o seu planejamento hoje?
- Quais são seus planos para o próximo ano?
- O que está lhe impedindo de investir e realizar seus sonhos de forma planejada, sem se endividar?

Costumo fazer uma espécie de diagnóstico para saber o quanto a pessoa controla as finanças, o quanto ela se sabota e quais são os motivos (estruturais e emocionais) que estão impedindo de avançar.

Note que clareza e planejamento são dois pontos importantes para viver de forma livre, próspera e feliz. Quando temos clareza do que queremos e conseguimos definir os passos para chegar lá, tudo fica mais fácil. Se já sabemos "o que", chega a hora de pensar no "como".

Então, vamos falar mais sobre planejamento. Eu amo essa palavra! Sou planejadora. Sei que para mim é muito fácil e simples planejar, nasci com essa habilidade. E penso que é uma habilidade que todos precisamos desenvolver. Consigo diferenciar com facilidade a vida de alguém que planeja e alguém que nem sabe o que é isso. Tem pessoas, como eu, que planejam o dia, a semana, o ano financeiro. Isso torna tudo mais simples e com menores possibilidades de falhas. O ato em si de planejar requer tempo e paciência, mas um planejamento bem-feito salva de muito custo e muito trabalho desnecessário.

Pense assim: se eu falar para você que vamos viajar, colocará na mala tudo o que poderia levar (roupas de frio e de calor, comida, sapatos e chinelos). Se eu falo que vamos viajar para a praia e que temos uma boa estrutura, aí já facilita, não é? Agora você sabe que precisamos de chinelos e roupas leves. Essa é a mágica do planejamento: FACILITAR A VIDA.

Construir um plano de ação torna a nossa vida melhor e mais leve. Conseguimos construir liberdade de tempo para aproveitar a rotina com equilíbrio e sabedoria. Por falta de um caderno de anotações, muitas pessoas lutam para esticar o salário até o final do mês. Pense, algo tão simples pode eliminar suas dores de cabeça e sua angústia, mas a gente não faz. A gente não tem o hábito de anotar nossas despesas.

Todo planejamento faz com que haja limite nos riscos, faz com que muitos erros sejam evitados. E os que não poderão ser evitados podem ser minimizados, e isso se torna uma oportunidade de ganho em qualquer situação.

Certa vez atendi uma cliente que desejava empreender. Ela era cabeleireira e tinha um sonho de montar o próprio salão. Como estava cuidando das contas dela na pessoa física, decidimos montar um plano de negócios da pessoa jurídica. Fiz perguntas e pensei em coisas que ela me confessou jamais pensar. A clientela que ela já tinha, ponto e localização, estrutura da empresa, funcionários, parcerias, material, despesas iniciais, tempo de amadurecimento do negócio, reinvestimento. Hoje, um ano depois da consultoria, ela está com o salão lotado e já construiu a casa dela também. E mesmo com a pandemia, ela não se apertou, tinha uma reserva de emergência para essas ocasiões. Realizou todos os sonhos e não se endividou. Preciso confessar que isso me enche de orgulho. São por clientes assim, focados e determinados, que eu trabalho com amor.

A falta de planejamento traz dívidas e descontrole. Por você não ter planejado, acaba fazendo assim mesmo. E aí entra o cartão de crédito, cheque especial (que não tem nada de especial), financiamentos e empréstimos. Uma infinidade de possibilidades de você acabar com a sua vida não acha? Era somente anotar as despesas e controlar o recurso que entra e sai da sua conta. Precisamos aprender a guardar e só então gastar. Simples assim.

Nessa altura acho que já posso contar um segredo: já fui descontrolada financeiramente. Sim, tive mais de 300 mil reais em dívidas e zero na conta para pagar. Foram nove meses de agonia, dores de cabeça, noites em claro e muita preocupação. Como a máscara da vítima passa longe de mim, vou lhe falar a verdade. A culpa foi toda minha! Vivia igual à música do Zeca Pagodinho: "deixa a vida me levar". Ganhava muito bem, gastava melhor ainda. Não anotava nada! Comprava tudo o que eu queria. O resultado era de se esperar. Por isso estou aqui escrevendo este capítulo, para que você não precise viver o inferno financeiro que eu vivi.

Aprendi que planejar é algo que está diretamente ligado ao bom resultado, e isso não é cultural. Como *coach* financeira, penso que, por falta de planejamento, apenas 1% da nossa população é rica. Hoje temos cerca de 1% de investidores na bolsa de valores. São 3 milhões para uma população de 211,8 milhões. Pelos números, vemos claramente a nossa cultura pobre. Não nos planejamos e por isso não investimos. Não guardamos antes de gastar. E para completar, a maior parte dos brasileiros tem o hábito de manter os recursos na poupança, o que demostra mais ainda nossa falta de conhecimento financeiro. Um descaso com o nosso futuro, com nossos sonhos e com nossos objetivos.

Daí os muitos problemas com a aposentadoria. Não nos programamos para envelhecer. A maioria dos idosos no nosso país depende da aposentadoria do governo, da ajuda de familiares, de instituições de caridade e de saúde para trabalhar até morrer.

O dinheiro nos proporciona liberdade de escolhas e qualidade de vida. Ele é uma ferramenta dominada pelo emocional e, se tivermos clareza do que queremos e dos passos para chegar lá, conseguimos atingir todas as metas que desejarmos. Tudo o que fazemos gera custo e, sem planejamento, não conseguimos direcionar e focar na realização dos nossos sonhos. Realizar sonhos requer planejamento.

Para termos sucesso na nossa jornada, precisamos ter uma meta clara e o planejamento adequado para alcançá-la. Costumo dizer que não há objetivo difícil, há objetivo não planejado. Porque tudo nesta vida dá trabalho. Em tudo há burocracia e custo. E se planejamos antes, temos a possibilidade de reduzir os custos e o trabalho, pois poucos imprevistos poderão acontecer.

Precisamos aprender a nos planejar. Precisamos desenvolver em nossas crianças a inteligência financeira. Precisamos dessa mudança comportamental com urgência! As próximas gerações precisam nascer organizadas e estruturadas para lidar com as dificuldades que a vida impõe. Ter organização financeira e saber multiplicar nossos recursos é algo essencial para o nosso crescimento patrimonial.

Planejar é vital! Antes de partir para a ação, o planejamento é indispensável. Um bom planejamento faz com que seu foco seja muito mais nas ações e menos nas tomadas de decisões, afinal você já sabe o que fazer. Planejar faz com que a estratégia seja clara e efetiva, faz com que você saiba onde não deva ir.

Vamos para a ação? Vou deixar um quadro ilustrativo e as perguntas que você precisa responder. Aconselho a reproduzir essa imagem em papel A4 e escrever em cada quadradinho as suas ações, com data e valores específicos.

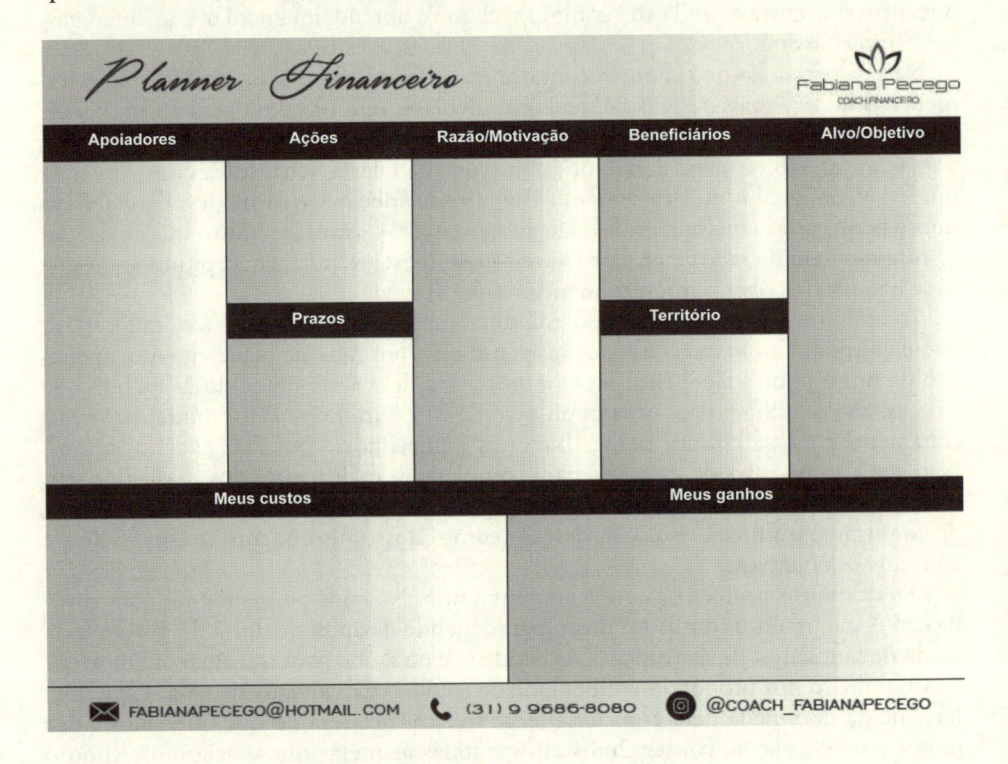

Como expliquei, uso essa ferramenta para absolutamente tudo. Vou lhe explicar cada quadrinho, passo a passo:

- Alvo/Objetivo: É o que você deseja alcançar. Lembre-se de ser claro e específico. Por exemplo, "quero ficar rico" está confuso. Pense em algo como "quero acumular 1 milhão de reais em 24 meses para construir minha liberdade financeira".
- Beneficiários: quem ganha, além de você, se esse objetivo se concretizar?
- Território: onde as ações serão executadas. Em casa, no trabalho, na Internet?
- Razão/motivação: qual o propósito desse objetivo? Por que você quer tanto alcançar isso?
- Ações: o que você precisa fazer para ver o objetivo acontecendo?
- Prazos: em quanto tempo você fará cada ação?
- Apoiadores: quais pessoas ou empresas apoiarão?

Esses dois pontos são totalmente financeiros:

- Meus custos: quais serão as suas despesas.;
- Meus ganhos: quanto de dinheiro você ganhará com o objetivo.

Pode parecer complicado, mas juro que não é!

Sou muito grata por tudo o que vivi. Tenho orgulho da minha profissão, da minha história e da minha jornada. Como diz Nick Vujicic, em seu livro *Uma Vida Sem Limites:* "no fim das contas, entendi, e, por meio das minhas experiências, posso ajudá-lo a enxergar que a maior parte das provações que temos de enfrentar nos propicia oportunidades para que descubramos quem estamos destinados a ser e como podemos usar nossos dons para ajudar outras pessoas".

E agora, como diz nosso mentor Geronimo Theml, vai lá e faz!

6

JOGO INTERNO E EXTERNO: O CAMINHO DE REALIZAÇÕES NA VIDA

Na vida, sempre jogamos dois jogos: um interno, na nossa mente (pensamentos e crenças), e outro externo, no mundo (nossas ações). Tudo na vida, seja bom ou ruim, é resultado dessa dinâmica. Ao melhorar nosso desempenho nesses jogos, podemos obter resultados mais produtivos na vida. Descubra como se dá o processo de mudança e como otimizar esses jogos para colher resultados mais efetivos na vida.

GUSTAVO DE LA PEÑA

Gustavo de La Peña

Graduado em Administração de Empresas - Universidade Cândido Mendes. Pós-graduado em Administração Financeira - Fundação Getulio Vargas. *Meta-coach* (ACMC) pela International Society of Neuro-Semantics. *Coach* pelo World Coaching Council. *Coach* pela International Association of Coaching Institutes. Formação em *Coaching* Executivo pela International Society of Neuro-Semantics. Formação em *Coaching* de Grupo e Equipe pela International Society of Neuro-Semantics. Analista Comportamental - C-Vat. *Master* e *trainer* de PNL pelo World NPL Council. Formação em Constelação Familiar e Organizacional - Instituto de Neurolinguística Aplicada. Formação em Hipnose Ericksoniana - Instituto Milton Erickson do Rio de Janeiro. Treinado por nomes como Michael Hall (EUA), Jairo Mancilha (Brasil), Arline Davis (Brasil/EUA). Experiência em atendimento individual, despertando nas pessoas seu potencial. Membro da Meta-Coach Foundation e da Sociedade Brasileira de Neurossemântica.

Contatos
www.coachgustavodelapena.com.br
Instagram: @gustavodelapena
gulape@gmail.com

Coaching é sobre mudança, sobre transformação. É sobre fazer mudanças para algo melhor e transformar sonhos em realidade. É uma conversa para alcançar um objetivo específico e excitante. Uma conversa que chega ao coração das coisas – pensamentos, valores, ideias e crenças. É uma conversa com foco na descoberta de metas, visões e valores. Focada também no aprimoramento da qualidade de vida. *Coaching* enfatiza a busca da solução de problemas e como lidar melhor com os desafios da vida. Ajuda a identificar recursos internos e externos para gerar uma mudança positiva. O grande objetivo do *coaching* é fazer florescer o potencial humano para gerar uma vida mais plena.

Por que ter um *coach*? Cada ser humano tem direito de realizar seus sonhos e ter uma vida melhor e o objetivo do *coaching* é contribuir para isso. Muitas vezes não conseguimos realizar o que almejamos, porque o que nos aprisiona e nos impede de concretizar nossos sonhos são nossas crenças limitantes. Infelizmente, ainda acreditamos em limitações e proibições. Muitas vezes nossa qualidade de vida tem relação direta com aquilo que tem dentro da nossa mente. Não acreditamos que podemos ser mais do que somos. O *coaching* contribui para nos libertar das prisões da nossa mente e assim podemos ter uma vida mais plena. Quando encaramos nosso sistema de crenças de forma clara, podemos ter resultados mais efetivos na vida. O *coaching* pode melhorar nossa vida e nossos resultados de várias formas, gerando uma série de benefícios como:

- **Autoconhecimento:** é um dos grandes caminhos da evolução humana. Para termos uma vida plena, precisamos descobrir nossos pontos fortes e fracos e as intenções por trás de nossos atos. Para se autoconhecer, é preciso ter uma honestidade impiedosa ao olhar para si, sem ter medo de descobrir o que temos dentro de nós. O processo de *coaching* lida com perguntas profundas que levam a um olhar para dentro de si. E assim vamos até o coração das coisas que existem em nós.
- **Autoestima:** pode acontecer da baixa autoestima estar por trás do que não dá certo na vida. Quando valorizamos quem nós somos, é mais fácil seguir adiante. Autoestima tem a ver com o que somos. Autoestima não tem a ver com o que fazemos ou com o que temos. O *coaching* ensina a nos amar incondicionalmente.
- **Autorresponsabilidade:** é acreditar e assumir que somos os únicos responsáveis pela vida que temos levado, e somos os únicos que podemos mudá-la. Isso nos coloca na condição de "causa" da nossa vida, e não como "efeito" do que acontece à nossa volta. É responder pelos nossos atos e assumir as consequências, sem culpar os outros e o mundo.

- **Autoconfiança:** quanto mais aprendemos e praticamos, mais autoconfiança temos. Autoconfiança tem a ver com o que fazemos. A autoconfiança nos dá mais segurança para trilhar um caminho de realizações.
- **Autocontrole:** ter autocontrole é tomar posse dos nossos poderes pessoais. O ser humano tem quatro poderes fundamentais: pensar, sentir, falar e agir. O *coaching* contribui para esse empoderamento. Com o controle desses poderes em nossas mãos, o caminho até nossos sonhos fica mais seguro, mais firme e mais leve.
- **Poder de decisão:** decidir e implementar a decisão é vital para o alcance de metas. O *coaching* avalia os aspectos envolvidos na tomada de decisão tornando nossas decisões mais conscientes e produtivas.
- **Novas percepções:** percepção é a forma como vemos o mundo, os outros e a nós mesmos. E essa percepção influencia o que podemos ou não fazer, pois nossa percepção pode ser de limitação ou de abundância. Novas percepções trazem novos resultados. Não é apenas sobre ter novas visões, mas também sobre ter novos olhos.
- **Novos posicionamentos:** os resultados obtidos na vida também dependem da forma como nos posicionamos no mundo. Novos posicionamentos trazem novas possibilidades. Por meio do *coaching*, é possível revisar nossos posicionamentos e ter outros novos.
- **Planejamento e ação**: para que uma meta se torne realidade, é preciso planejamento e ação. Até mesmo pequenos passos podem ter grandes resultados. O processo de *coaching* contribui para o planejamento e a criação de estratégias para concretizar sonhos.
- **Clareza, disciplina, foco e intenção:** somente com disciplina, foco e intenção direcionada podemos fazer o melhor e chegar ao melhor. *Coaching* ajuda a focar na intenção por trás das nossas metas e na manutenção da disciplina. E metas precisam de clareza, para saber realmente aonde se quer chegar.
- **Desenvolvimento de habilidades e alta *performance*:** para alcançar uma meta, pode ser necessário o desenvolvimento de novas habilidades. *Coaching* ajuda a descobrir onde focar esse desenvolvimento. Também contribui para alavancar o desempenho das nossas atividades, fechando a lacuna entre o saber e o fazer.
- **Superação de limitações:** muitas vezes o que trava a nossa vida existe apenas na nossa mente. Quando transcendemos as crenças limitantes, a vida fica mais leve. A fim de seguir na vida, é preciso olhar para as nossas crenças de forma corajosa e honesta. E assim renovar nosso sistema de crenças quando necessário.

O que muda na sua vida quando você se conhece e se ama de verdade? Quando se torna mais autorresponsável e autoconfiante? Quando tem autocontrole e decide sua vida? Quando vê a si e ao mundo de outro jeito? Quando planeja e age com disciplina e foco? Quando tem novas habilidades e supera antigas limitações? E agora, como fica sua vida?

A nossa mente e o nosso desempenho no mundo

Segundo o psicólogo norte-americano L. Michel Hall, a vida que vivemos tem duas dimensões: o jogo interno e o jogo externo. Jogo interno é o que acontece na nossa mente. São nossos pensamentos, ideias, crenças, valores, formas de ver o mundo. É como funciona a nossa mente e o que tem dentro dela. Tudo que acontece internamente (jogo interno) vai para o mundo. Aí entra o segundo jogo, o jogo externo, que compreende nossas ações e comportamentos. Por isso, o autoconhecimento, descobrir o que tem dentro da nossa mente, é de suma importância. Decifrando e mudando o jogo interno quando necessário, o jogo externo tem uma *performance* mais efetiva, gerando resultados mais produtivos e melhores relacionamentos. Quando descobrimos o que tem na nossa cabeça (e mudamos o que é necessário), podemos fazer melhor no mundo.

Esses dois jogos se complementam. Quando são saudáveis e há sinergia entre eles, temos uma vida mais plena. Todos os resultados que obtemos na vida, bons ou ruins, têm origem na dinâmica entre esses dois jogos.

Imagine que cada dimensão da vida é um jogo. Há jogos na família, no trabalho, no amor e em várias outras áreas da vida. Quando descobrimos nossos jogos e como estamos jogando, podemos melhorar nosso desempenho, criar novos jogos e ter uma vida melhor. Que tal conhecer nossos jogos? Quem são os jogadores no mundo real e os jogadores na nossa mente? Quais as regras da nossa mente e do mundo? E melhor, que tal criar novos jogos? Novos jogos trazem novos resultados.

Como estamos habituados na rotina, muitas vezes nossos jogos são como pontos cegos. Sim, pontos cegos! Pois não os percebemos à medida que estamos atuando no dia a dia. O processo de *coaching* trabalha com o jogo interno e externo, tornando possível otimizar nosso desempenho e realizar nossos sonhos.

Uma ferramenta que ilustra bem a questão do jogo interno e externo é o Eixo Significado-*Performance*, um modelo da Neurossemântica. Essa disciplina foi criada por L. Michal Hall, psicólogo norte-americano e autor de mais de 50 livros. Neurossemântica é um modelo de comunicação que explora como o corpo (neurologia, fisiologia) é programado pelo uso da linguagem e significado (semântica). Seu objetivo é ajudar pessoas a terem uma vida com propósito e significado.

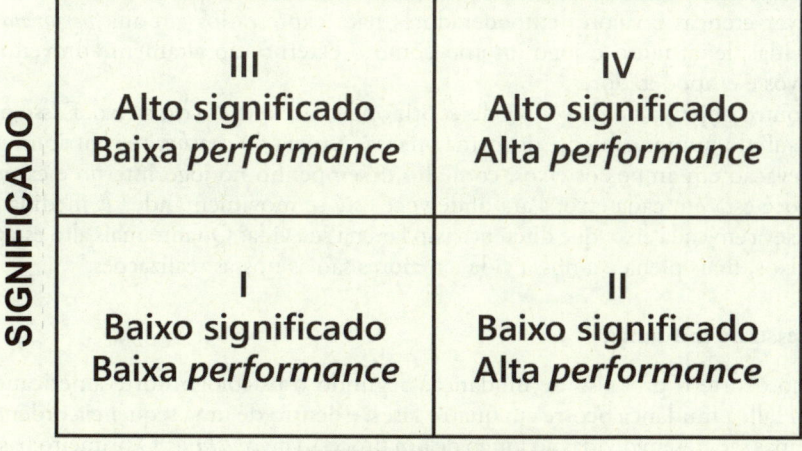

SIGNIFICADO	III Alto significado Baixa *performance*	IV Alto significado Alta *performance*
	I Baixo significado Baixa *performance*	II Baixo significado Alta *performance*

PERFORMANCE

Fonte: HALL, L. M., *Liberte-se!: Estratégias para Autorrealização*. Trad. Paulo Brindeiro. Rio de Janeiro: Qualitymark Editora, 2012. p. 89.

Eixo significado

O eixo significado representa o nosso jogo interno. Significado é tudo que mantemos em nossa mente. São propósitos, intenções, visões, crenças, valores, inspirações e paixões. Aí vem-nos uma reflexão: tudo isso que mantemos em mente nos empodera e traz o nosso melhor ou trava nossa vida? Para onde o nosso jogo interno está nos levando?

Eixo *performance*

O eixo *performance* representa o nosso jogo externo. A *performance* inclui nossos comportamentos, ações e habilidades. É em nossa neurofisiologia que traduzimos nossos significados em ações de desempenho. A *performance* manifesta nossos significados e agimos de acordo com o que temos dentro da nossa mente. Quais têm sido os resultados do nosso jogo externo? Estamos satisfeitos com o que estamos obtendo?

Nesse modelo, cada quadrante representa como está a interação entre o significado e a *performance*.

- **Quadrante I: subdesenvolvidos**. Baixo significado e baixa *performance*. Sem ideias e sem ação.
- **Quadrante II: performadores**. Baixo significado e alta *performance*. São práticos e orientados para o mundo externo. Muita ação e pouco significado.
- **Quadrante III: sonhadores e criadores**. Alto significado e baixa *performance*. Grandes ideias não colocadas em prática. Grandes sonhos sem ação.
- **Quadrante IV: autorrealizadores**. Alto significado e alta *performance*. Alto nível de engajamento e comprometimento. Grandes ideias, crenças empoderadoras e ações de elevada qualidade. Chegar ao Quadrante IV é a grande meta do *coaching*.

O segredo de uma vida mais rica e plena é a síntese dos dois eixos, ou seja, grandes significados e alta *performance*. Precisamos elevar os padrões do que tem na nossa mente ao cultivar crenças e valores empoderadores para expressá-los em alta *performance*. Numa vida plena, tanto o jogo interno como o externo são altamente proveitosos, produtivos e empoderadores.

Um outro objetivo do *coaching* é descobrir onde você está em cada eixo. E isso pode ser mensurado numericamente de forma precisa. A meta do *coaching* é contribuir para a sua elevação em ambos os eixos, com alto desempenho no jogo interno e externo. Onde você está em cada eixo? Para onde você está se movimentando? À medida que você se eleva em cada eixo, que diferença isso fará na sua vida? Quanto mais alto estamos nesses eixos, mais plena é a nossa vida e maiores são as nossas realizações.

O processo de mudança

Como ocorre o processo de mudança? Segundo o psicólogo norte-americano L. Michel Hall, a mudança ocorre em quatro fases, e dentro de uma sequência ordenada. Essas etapas são desenvolvidas ao longo de um processo de *coaching*. O primeiro passo é a motivação, a pessoa precisa estar motivada para a mudança. Após isso, vem a decisão, decidir a mudança. Depois a criação da mudança, que engloba planejamento e ação. Por fim, a integração, a verificação de como a mudança está, a fim de consolidar o processo.

Sem motivação, não ocorre mudança. Motivamo-nos de duas formas: nos aproximando do que queremos e nos afastando do que não queremos. São duas forças poderosas. Para aumentar o nível de motivação, é preciso jogar com as duas forças. O que você realmente deseja? O que não quer de jeito nenhum? O que acontece se você mudar? O que acontece se não mudar? Para o que dizer "Sim!" e para o que dizer "Não!"?

Sem uma decisão robusta, a mudança também não vai adiante. Qual é a verdadeira intenção por trás de uma decisão? Quais são os prós e contras? Quais as vantagens e desvantagens? Por que decidir mudar? Por que decidir não mudar? Aqui entram os valores e as crenças que estão por trás da mudança. Mudamos para o que valorizamos e decidimos nos afastar para o que desvalorizamos.

Após a motivação e a decisão, vem a criação. Aqui novamente temos o jogo interno e externo. O cliente e o *coach* criam um plano. O jogo interno envolve ideias, planejamento e estratégias. E o jogo externo é a colocação disso em prática. Quais serão as ações implementadas? O que tem que ser feito? Aqui o plano é gestado na mente (jogo interno) e implementado no mundo real (jogo externo).

Por fim, a integração. Nessa fase, se identifica o que está dando certo, o que há em comum entre o planejamento e a ação. E também se procura pelas diferenças entre o planejamento e a prática: o que não foi conforme o planejado e precisa ser mudado. O que está dando certo? O que ainda não deu certo e precisa ajustar? Como apoiar e fomentar a mudança? Como corrigir o que é necessário?

Em qual dessas fases você se encontra? Você já está bem motivado e decidido? Já começou a planejar e agir? Ou já está conferindo o que deu certo ou errado?

Não existe mudança profunda sem o verdadeiro autoconhecimento. A transformação não é só do lado de fora, é também do lado de dentro. Para crescer e realizar sonhos, precisamos olhar corajosamente para dentro. Mas como olhar para dentro? Como se autoconhecer? Uma ótima forma de se autoconhecer é por meio de perguntas, de questionamentos profundos. O processo de *coaching* envolve uma série de perguntas sobre autoconhecimento, sonhos, *performance* e outras várias questões. Boas perguntas fazem com que o ouvinte olhe para dentro.

Por exemplo: qual o significado da sua vida hoje? O que realmente você quer para a sua vida? Sem modéstia, no que você é bom? Quais são as permissões e proibições que você tem na sua vida? Com quais pensamentos e crenças você não sai de casa? Qual o preço para realizar seu potencial? Você está usando plenamente suas capacidades? Quem realmente você quer se tornar? O que você tem dito para você? O que você ainda não faz, mas se fizesse, faria uma grande diferença na sua vida? Onde você está realmente focado? Que assuntos estão te impactando? Quais são as coisas ruins? Que assuntos você tem evitado? Se nada mudar, o que pode acontecer? Que contribuição você quer fazer para o mundo? Se você fosse seu concorrente, o que você faria? O quanto você usa o poder de escolha em sua vida? O que está bom e precisa ser deixado para trás? Quais prisões ainda lhe bloqueiam? Quais atitudes poderiam mudar sua vida? Onde investir sua energia mental e física? Quais novos jogos quer jogar?

Se acredita nessa transformação e quer uma vida melhor, venha conversar.

Referências

HALL, L. M. *Get Real: Unleashing Authenticity*. Clifton, CO: Neuro-Semantic Publications, 2016.

HALL, L. M. *Liberte-se! estratégias para autorrealização*. Tradução Paulo Brindeiro. Rio de Janeiro: Qualitymark Editora, 2012.

HALL, L. M. *Neuro-Semantics: Actualizing Meaning and Performance*. Clifton, CO: Neuro-Semantic Publications, 2011.

HALL, L. M. *The Meta-Coaching System*. Clifton, CO: Neuro-Semantic Publications, 2015.

HALL, L. M. *Winning the Inner Game: Mastering the Inner Game for Peak Performance*. Clifton, CO: Neuro-Semantic Publications, 2006.

VIEIRA, P. *Poder e alta performance: o manual prático para reprogramar seus hábitos e promover mudanças profundas em sua vida*. São Paulo: Editora Gente, 2017.

7

CLAREZA COM TRANSPARÊNCIA

Uma nova abordagem que tira véus e permite entender algo diferente que ocorre na formação da clareza. Vamos entender o fluxo de energia que nos conduz ao sucesso e às possibilidades de caminhos para alcançá-lo. Este texto foi baseado em estudos científicos de vários pesquisadores de universidades norte-americanas, que há anos analisam o comportamento humano e são conhecidos nessa área.

MILTON SAICHO

Milton Saicho

Palestrante (2013), *coach* criacional e analista comportamental certificado pelo IGT International Coaching (2019), *coach* ISOR certificado pelo Instituto Holos (2018), Programação Neurolinguística pelo Udemy e Inteligência Emocional pela Conquer. Terapeuta holístico em Reiki Usui (2013) e é iniciado facilitador em Ativação Merkabah pela WPO (2001). Criou e desenvolveu o Espaço Holístico Shambhala, em Búzios, o site Ser Feliz Sempre e o canal Ser Feliz Sempre, no Youtube. Como CEO do Instituto Golden Coach, é o idealizador dos programas "Sua Melhor Versão", "Líder Criativo" e "Gravidez Feliz & Geração Perfeita". Publicou o livro *Conexão astral, um caminho para a Nova Era* (2015).

Contatos
www.serfelizsempre.com
saicho@serfelizsempre.com
Instagram: @saicho_coach
LinkedIn: www.linkedin.com/in/saichocoach/
21 98103 5920

A todo momento vivemos muitas necessidades diferentes, de modo que ter clareza para tomar decisões certas é um desafio que enfrentamos. Considero que o estado de clareza é determinante para a felicidade e o sucesso das nossas realizações, pois permite decidir melhor nos desafios que ocorrem, direcionando ao objetivo desejado. Dentro dessa trajetória, vejo que ocorrem muitos acontecimentos que são vividos intensamente e que podem deixar impressões que interferirão no nosso comportamento por toda a vida. Sendo assim, dividirei o tema em algumas etapas para entendermos com transparência a clareza e o que fazer para alcançá-la.

Influência da coletividade

Durante a vida, recebemos influências psíquicas da comunidade em que estamos inseridos, começando pela família, progredindo para nossos amigos, relacionamentos amorosos e profissionais. Em geral, recebemos essa influência por meio de pensamentos, palavras e ações oriundas do meio coletivo.

Começando pela infância, fase em que olhamos o mundo como se fôssemos o centro de tudo. Assim, direcionamos a consciência para fora e às vezes ouvimos dizer, quando estamos na frente do espelho, "olha como você está bonito", fazendo pensar que você é o corpo, sendo que até a ciência se refere ao corpo chamando de "o seu corpo". Muitas vezes alguém diz "tem que comer tudo! Não pode deixar comida no prato!" dessa forma, somos levados a não prestar atenção nos sinais do corpo, que podem estar dizendo "já chega de comer, senão o corpo ficará gordo".

Quando começamos a nos relacionar com os amigos, recebemos influências no comportamento, imitando nos hábitos, gírias e jargões que usamos e assim aprendemos a repetir os resultados do outro. Nesse aspecto, nem percebemos que não estamos sendo nós mesmos, esquecendo a nossa capacidade de criar, que vem da nossa "essência interior".

Lembro-me de que, quando era adolescente, tive que fazer um trabalho de escola em grupo sobre um conto de Eça de Queiroz, que deveria ser gravado em fita cassete. Dei a ideia de fazermos uma gravação com a interpretação dos personagens, fundo musical, com sonoplastia e edição. Depois de pronto, ficou bem parecido com uma radionovela da época. O resultado foi uma surpresa, pois foi considerado o melhor e mais original, já que ninguém havia usado aquele formato. Depois de algumas semanas, o mesmo professor mandou fazer outro trabalho semelhante e, quando os grupos entregaram seus trabalhos, estavam todos naquele formato de radionovela.

Quando alguém faz alguma coisa diferente, a pessoa que está focando no exterior é impulsionada a fazer igual, na tentativa de replicar os resultados de sucesso. Muitos não tentam criar as próprias realizações. Quando a consciência percebe, já está copiando. Esse resultado que será alcançado na maioria das vezes não está em sintonia com a essência interior. Ao viver sua conquista, a pessoa acaba percebendo que naquele mundo que criou existem muitas coisas das quais não gosta.

Para que esse desalinhamento não aconteça, gostaria de propor a você um exercício. Depois que alcançar bastante clareza do que quer, com uma ideia criativa, bem concreta, mensurável e alcançável, reflita se está disposto a passar por todas as consequências do resultado alcançado e se tem a energia necessária para manter o resultado.

Um exemplo disso é uma pessoa que quer morar por 6 meses num país onde os costumes são adversos aos do seu país de origem. Se estiver a fim de passar por isso, terá energia física, emocional e mental suficiente? Faça sempre essa pergunta para si mesmo e se torne mais consciente do processo que viverá ao decidir trilhar esse caminho.

Direção do foco da consciência

Para entender isso, podemos usar como referência os resultados de experiências ocorridas no meio em que se vive, começando pela família, depois a sociedade e, por fim, o meio profissional. Essas experiências ficam gravadas na memória criando padrões que depois de algum tempo passam a influenciar nossos hábitos. Observe que a maioria das pessoas está sempre voltada para a percepção do que vem de fora e recebe da coletividade ideias que sugerem como devem ser, sem considerar as características interiores, talentos e habilidades. Essas ideias fazem parte da cultura da sociedade, é o sistema que nos coloca na linha média, limitando a capacidade de realização e impedindo de pensar "fora da caixa".

Descobrir que existe outra direção para o foco da consciência me fez ver que na essência interior já temos as habilidades e talentos necessários para realizar a vida. Assim, vamos buscar os aprendizados acadêmicos que estejam sintonizados com as características individuais. Essa constatação muda totalmente o entendimento de realização pessoal e profissional, pois já temos uma combinação de talentos e habilidades que nos torna únicos. Quando você estabelece um ponto de equilíbrio entre esses dois polos, o de fora e o de dentro, "a linha do meio"[1], você pode alcançar o máximo de desenvolvimento, a "Sua Melhor Versão"[2]. Nesse ponto, você descobrirá que não existem concorrentes, só parceiros para somar e criar algo bem melhor.

Quando estamos fora do ponto de equilíbrio, perdemos a clareza, os desafios parecem não ter solução, já que em um extremo ficamos fora da realidade e, no outro, não vemos saída. Uma forma de resolver o desafio é pensar que o problema não é o que fazem comigo e sim o que eu faço com o que fazem comigo[3]. Desse jeito, tiro o foco de fora e movo para o ponto de equilíbrio, combinando a criatividade da minha essência com a capacidade analítica da minha mente. Dessa forma, encontro clareza

---

1 Termo do Budismo para o equilíbrio entre o espírito e o corpo.

2 Termo criado em 2004 pela empresa americana *O'Reilly Media*.

3 Jean-Paul Charles Aymard Sartre (1905 — 1980) filósofo, escritor e crítico francês, conhecido como representante do existencialismo.

para entender o que está acontecendo, criar uma solução e encontrar novas oportunidades na adversidade.

Segundo estudos científicos da Universidade de Harvard, quando estamos diante de um problema difícil, se perdemos a clareza, o cérebro entra no modo instintivo, o corpo recebe uma descarga de hormônios e isso impede de entender o que está acontecendo com clareza, resultando em uma série de decisões equivocadas. Mas se torna um hábito equilibrar o olhar, considerando também as intuições da essência, posso entender "o que vou fazer com o que está acontecendo" e o cérebro volta ao modo racional, retornando à clareza.

A partir daí, posso decidir corretamente, pois estou no estado de presença e tenho autocontrole. Se você se identificou com essa linha de pensamento, experimente equilibrar o seu olhar e obtenha os resultados de clareza transformadores que os meus *coachees* estão tendo.

Se tiver dificuldade para fazer esse movimento de sair do "personagem sofrido" criado pela sua mente e decidir o que faz com o que aconteceu, faça essas quatro perguntas abaixo, que vão ajudá-lo a dominar o emocional e deixar o cérebro racional em ação.

- Que outros significados eu poderia dar ao que aconteceu?
- Que coisas boas vão acontecer por causa do que ocorreu?
- Qual oportunidade boa eu terei diante do que ocorreu?
- Quais aprendizados estou tendo diante desse acontecimento?

Pontos de vista

No dia a dia vivemos muitas emoções que influenciam nossa clareza. Quando passamos pelo "sequestro emocional", o raciocínio fica paralisado, perdemos a clareza. Ela é necessária para que nossas realizações resultem em sucesso, desde um simples ato doméstico a um grande projeto empresarial.

Para ter clareza, precisamos conhecer os elementos concretos do nosso objetivo, temos que ter uma imagem concreta daquilo que queremos realizar. Quando não há clareza, a mente racional pode estar dominada por uma crença ou emoção forte.

Para iniciar a jornada da realização, primeiro precisamos libertar o raciocínio e estar comprometido sentindo-se responsável pelo que realizará, a motivação deve estar plenamente consciente.

Muitas técnicas de *coaching* podem ser usadas para alcançar a clareza da sua meta. Dentre elas, gosto muito da ferramenta SMART. Para você entender melhor isso, vamos fazer um exercício.

Imagine um desejo ou uma meta que você quer alcançar. Em seguida, responda: o objetivo é específico e existe concretamente? Ele pode ser medido? Ele tem forma? É alcançável? Por que alcançá-lo é importante para você? Em quando tempo espera alcançá-lo? Colocar uma data ajuda a evitar a procrastinação.

Se alguma resposta for *não* ou não souber responder, verifique o que tem que mudar no objetivo para responder *sim*. Se não der, troque o objetivo, tente novamente ou fale comigo.

Agora vamos ver o que ocorre quando não temos clareza e insistimos em realizar algo.

Falta de autocontrole

Como já vimos antes, toda a energia instintiva ou emocional disponível invade a parte racional e nos faz perder o autocontrole. A consciência fica completamente dominada por esse desequilíbrio e, em alguns casos, até dá a ilusão de que estamos no caminho certo. Entre muitos motivos que causam esse efeito estão os sabotadores e as crenças. Se trabalhamos esses elementos, podemos ajudar muitas pessoas a encontrar clareza no seu objetivo.

Segundo estudos desenvolvidos por Eckhart Tolle, em *O poder do agora*, se nos colocarmos no estado de presença, podemos observar a mente realizando sua encenação e isso é uma das formas que nos dá o poder para retomar o autocontrole. Quando descobrimos que podemos fazer isso, só o fato de estarmos conscientes já nos coloca numa posição de controle. Fazendo as perguntas certas, podemos ajudar uma pessoa a encontrar o estado de presença para que ela mesma veja sua consciência realizando o "teatrinho" e retorne ao autocontrole. Quando uso o termo "perguntas certas", me refiro às perguntas que tiram da inércia que causou a falta de clareza. Isso coloca a mente em movimento e faz com que ela entre em ação.

Conflitos e choque de ações

A falta de clareza, além de impedir que alcancemos resultados de sucesso, também pode levar a um conflito, um choque de ações e a um direcionamento equivocado. Isso pode ocorrer nos relacionamentos profissionais, nos quais o líder dá uma deliberação e o colaborador entende de forma diferente. Pesquisas na área de neurolinguística relatam que o cérebro humano tem várias linguagens ou chaves de comunicação, os metaprogramas, de modo que, quando falamos na chave certa, podemos dizer qualquer coisa que levará a um resultado positivo; na chave errada, é melhor não dizer nada. A única parte delicada é a escolha da chave.

Um meio de constatar a diversidade de reações humanas é falar com um grupo de pessoas e perceber como elas reagem de modo diferente diante da mesma coisa. Isso ocorre nos relacionamentos em geral. A falta de clareza pode impedir que você escolha a chave certa. Uma chave importante é a que define se a pessoa se afasta ou se aproxima das coisas.

Por exemplo: em um relacionamento entre pai e filho, num momento em que estão conversando sobre as notas escolares, que foram baixas, o pai, sabendo que seu filho é do tipo que se afasta, pois foca melhor no que perde, entende que não adiantaria nada se ele prometesse uma recompensa para passar de ano. Seria impactante se mostrasse que o filho perderia parte das férias estudando para fazer prova de recuperação.

Faça uma experiência com alguém que você tem dificuldade de relacionamento. Primeiro observe se a pessoa se preocupa com o que ela não quer ou perde, ou foca no que ganha ou nos benefícios? No dia a dia ela foca antes na parte ruim dos acontecimentos ou nas notícias boas? Visualiza o problema ou a solução? Sabendo isso, procure apresentar suas ideias de acordo com a chave dela, se aproxima ou se afasta, e veja como os resultados melhoram e a clareza entre os dois será maior. É claro que conhecendo todas as chaves o efeito será mais poderoso.

Tomando uma decisão

Esse é um estudo complexo em que temos outros pontos que poderiam ser analisados para trazer clareza à nossa mente.

Foi pensando nisso que desenvolvi dois programas de mentoria: "Sua Melhor Versão", para o desenvolvimento pessoal, e "Líder Criativo", para desenvolvimento profissional. Assim posso ajudar a trazer resultados de sucesso àqueles que entendem que clareza com transparência é um combustível importante, que alimenta toda a jornada da realização de modo que encontre a felicidade ao alcançar sua meta.

Referências

ACHOR, S. *O jeito Harvard de ser feliz: o curso mais concorrido da melhor universidade do mundo*. São Paulo: Benvirá, 2021.

ROBBINS, T. *Poder sem limites: a nova ciência do sucesso*. São Paulo: BestSeller, 2017.

TOLLE, E. *O poder do agora*. São Paulo: Sextante, 2000.

8

O PODER DA CLAREZA

O objetivo deste capítulo é apresentar como o *coaching* me ajudou e quais as influências que tive e as decisões que tomei nesses últimos 10 anos. Prestes a completar 50 anos, pedi demissão de um segmento que atuava há mais de 25 anos para trabalhar em nova área. E o que o *coaching* tem a ver com isso? Tudo! Venha comigo e explicarei melhor.

WELINGTON OLIVEIRA

Welington Oliveira

Master coach Inteligência Emocional e treinador de Inteligência Emocional, certificado pelo Instituto Lyouman. *Coach* criacional de carreira e produtividade, especialista em Perfil Comportamental e Sabotadores, certificado pelo Instituto Geronimo Theml – IGT, engenheiro civil graduado pela Escola de Engenharia Kennedy, pós-graduado em Gestão de Projetos em Engenharia e Arquitetura, MBA Executivo em Liderança e Gestão Empresarial pelo Instituto de Pós-graduação – IPOG. Experiência com gestão de pessoas há mais de 20 anos, em grandes multinacionais, atuando como gerente de Filial e Área Comercial, liderando equipes nos setores logístico, administrativo e comercial da construção civil. Atualmente, trabalha como Gerente Comercial na BubbleDeck, multinacional dinamarquesa. Fundador da empresa Sete Treinamentos, que atua com treinamentos e processos de *coaching*.

Contatos:
contato@setetreinamentos.com
Instagram: @setetreinamentos.welington
LinkedIn: www.linkedin.com/in/welington-cassio-oliveira-gerente
61 98131 1007

Feliz aquele que transfere o que sabe e aprende o que ensina.
Cora Coralina

Era 2010 quando participei do meu primeiro processo de *Coaching*. Naquela época, trabalhava em uma empresa multinacional espanhola e o Brasil era um país estratégico para ela, fazendo com que a direção contratasse uma empresa para treinar seus diretores e gerentes com o objetivo de capacitá-los e alinhar com as estratégias e metas da empresa. Ali tive a oportunidade de entrar nesse mundo do desenvolvimento pessoal, conhecer e me encantar com o poder do autoconhecimento, pelo próprio processo de *coaching*, treinamento de equipes de vendas e gestão. Passados quatro anos, busquei outras formas de me aperfeiçoar, cursando uma pós-graduação em Liderança, que permitiu me aprofundar ainda mais nos conceitos de *coaching*, *mentoring* e tutoria. Naquele momento, tive a certeza de que o *coaching* tinha que fazer parte da minha vida, pois o meu objetivo era me tornar uma pessoa melhor, evoluir como marido, pai, filho e profissional. Mas a minha maior transformação aconteceu quando iniciei a formação de *Coaching*, em março de 2018. De lá até hoje, além da formação básica, fiz a formação de *Coaching* avançado e Master, me especializei em *Coaching* Executivo e de Carreira, em Perfil Comportamental e Sabotadores.

Formado em engenharia civil há mais de 25 anos, sempre na linha de frente atendendo clientes e na liderança de equipes, tinha dificuldades para lidar com pessoas que apresentavam perfis diferentes do meu. Com o crescimento profissional, é normal aparecerem dúvidas se estamos no caminho certo, fazendo o que precisa ser feito, quais competências precisamos desenvolver para aquele novo cargo, nova equipe. Treinamentos, processo de *coaching*, bons livros e até mesmo uma pós-graduação podem ajudar com as dúvidas e as inseguranças na carreira e na vida. Para me ajudar com as minhas dúvidas, escolhi me aperfeiçoar por meio de formações em *coaching*. Acreditava, e ainda acredito que, além de ajudar na liderança de equipes, nas negociações com os clientes, aprenderia mais, atendendo com processos e treinando equipes.

O processo de *coaching* é transformacional desde que haja mudança de comportamento. Não podemos ficar só pensando o que fazer, porque seu cérebro vai entender que está fazendo alguma coisa e não mudará nada em sua vida. E não adianta apenas entender o que precisa ser feito, e sim aprender o que precisa ser feito para caminhar em direção aos seus sonhos. Gosto muito de uma frase do Paulo Vieira: "Tem poder quem age e mais poder ainda quem age certo e massivamente", e complementa que aprender é igual a mudar e entender é apenas conhecer. E a diferença entre os dois é o que separa as pessoas que fazem daquelas que apenas pensam em fazer.

Os autores Dave Ulrich e Jessica K. Johnson explicam que não é fácil mudar comportamentos e que existem pesquisas apontando que 50% dos valores, atitudes e comportamentos de uma pessoa resultam do DNA e de herança. Os outros 50% podem ser desenvolvidos ao longo do tempo, mas não é fácil mudar comportamentos. A boa notícia é que, apesar de termos predisposições, podemos aprender novamente. Noventa por cento de nossos comportamentos podem ter sido herdados ou aprendidos ao longo do tempo e esses são os mais difíceis de mudar.

Segundo o *coach* Geronimo Theml, existem 7 níveis de evolução que, se analisados como um padrão em forma de pirâmide, é possível notar que qualquer pessoa tem a capacidade de conseguir o que quiser se dominar os quatro primeiros níveis da Pirâmide.

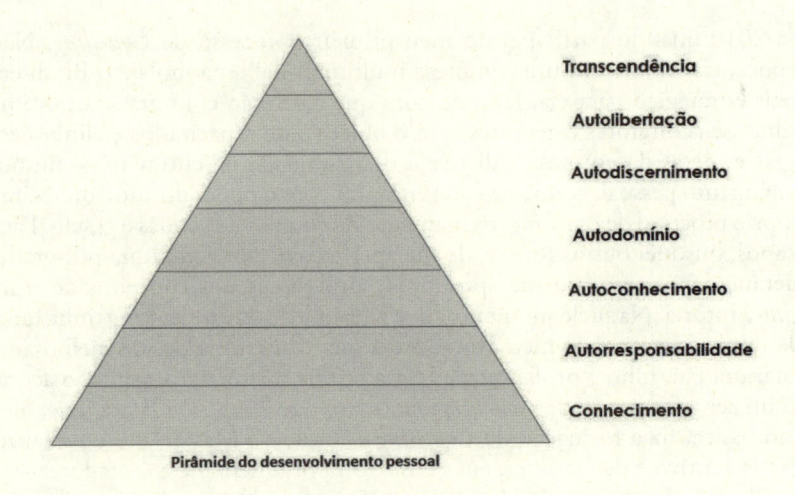

Pirâmide (de cima para baixo):
- Transcendência
- Autolibertação
- Autodiscernimento
- Autodomínio
- Autoconhecimento
- Autorresponsabilidade
- Conhecimento

Pirâmide do desenvolvimento pessoal

Fonte: Instituto Geronimo Theml – IGT

No 1º nível da pirâmide está o conhecimento, que é a base de toda mudança e pode ser aplicado para evolução pessoal, conseguir equilíbrio na vida pessoal, profissional, conquistas materiais e espirituais. Mas conhecimento só será útil se for aplicado e praticado. O próximo nível da pirâmide é a autorresponsabilidade. Confesso que o dia que entendi que sou causa e não consequência, minha vida mudou bastante, a forma como lido com os problemas e os desafios agora é bem melhor. Já o autoconhecimento é conhecer melhor a si próprio, compreender seus valores, perfil comportamental, é entender quais sabotadores agem na sua vida e identificar quais são as interferências e recursos que você tem. Já o autodomínio é você dominar a si próprio. Pessoas com autodomínio são aquelas que dizem que farão uma coisa, vão lá e fazem. Poderão até ter dúvidas, sentir medo, mas conseguirão lidar bem com as dificuldades e obstáculos. Os demais níveis da pirâmide estão relacionados à espiritualidade, ao desenvolvimento da alma ou do ser imaterial. Como o objetivo deste capítulo é abordar o poder da clareza e realização, não aprofundaremos os conceitos desses níveis.

O profissional *coach* que estiver atendendo um cliente, o *coachee*, deverá identificar em qual nível da pirâmide seu cliente está, para conseguir congruência dele, mantendo a consistência durante o processo e aumentando consideravelmente a probabilidade de realização. Um processo de *Coaching* pode dar clareza e alavancar seus resultados pela ferramenta Recursos e Interferências. Pode ser que o *coachee* esteja vendo a vida dele com muita interferência e poucos recursos e esta ferramenta conseguirá mapear as interferências e até mesmo transformá-las em recursos.

Você pode estar se perguntando como uma Interferência pode ajudar. Por exemplo, a falta de dinheiro pode se tornar Recurso se o *coachee* entender que, se ele trabalhar 12-14 horas por dia ou dar aula, poderá ajudar e, nesse caso, a falta de dinheiro se transformou em recurso na vida dele. Outro exemplo é fazer pequenos ajustes como fiz na minha jornada durante meu processo de *coaching*. Por um bom período, fui muito analista, hiper-racional e perfeccionista. Naquele momento entendi que, para o cargo que exercia, precisava ajustar meu grau de perfeccionista e ser mais rápido nas minhas entregas. Entendi também que não precisava mudar a pessoa que eu era e que podia continuar sendo analítico, perfeccionista e racional, só não podia me exceder.

O autor Shirzad Chamine esclarece que, ao identificarmos nossos inimigos, fica mais fácil lidar com eles. Nossa mente pode ser nossa melhor amiga, mas ao mesmo tempo nossa pior inimiga. Lembro-me muito bem que naquela época criei uma frase para neutralizar o meu EU perfeccionista, mas hoje a frase que uso é: "feito é melhor que perfeito", que aprendi com Erico Rocha. É claro que essa frase funcionará muito bem com pessoas que estão excedendo seu grau de perfeccionismo. Se a pessoa for muito executora, sua interferência pode ser acreditar que as pessoas são lentas e/ou processuais demais e, nesse caso, precisará encontrar uma solução para minimizar essas interferências.

Não sei você, mas não conheço outra metodologia melhor que o *coaching* para gerar clareza, definir caminhos, colocar movimento na direção dos sonhos e um estado de consciência que o faça não desistir, mantendo a consistência até conquistar suas metas. A clareza dentro de um processo de *coach* é tudo. Com clareza, compreenderá com maior nível de concretude e definirá melhor seu objetivo, o caminho a percorrer, o que precisa ser feito para entrar em ação. Clareza é tudo também no momento da consistência, pois ajudará na hora de persistir com seus objetivos.

Por que acredito que #todo mundo merece um *coach*? Além dos motivos descritos acima, o *coach* pode ajudar uma pessoa em diferentes momentos da vida, pessoal ou profissional. Abaixo, alguns nichos e subnichos que têm grande demanda para os *coaches*.

Coaching de carreira

É uma especialidade de *Coaching* em que o foco é o desenvolvimento profissional do *coachee* em sua carreira. Aqui não é separado vida pessoal da profissional, pois o que acontece no trabalho ou em casa afeta positiva ou negativamente em sua vida.

Para alguns, o trabalho é fonte de estresse e preocupações, afetando a saúde, a harmonia em casa e o próprio relacionamento dentro da empresa. Na maioria dos casos, isso acontece por desalinhamento do que a pessoa é, o que ela faz e o que ela quer fazer. Propósito sem ação é só um sonho e vivemos a vida com sensação de que falta algo.

Para os *coaches* de carreira, existe grande demanda com os profissionais que estão insatisfeitos e frustrados com suas carreiras, enfrentando dificuldades para encontrar seu caminho. Há também pessoas que buscam crescimento dentro da própria empresa, com objetivo de desenvolver competências para atingirem resultados melhores, metas e promoções. Ou querem trabalhar liderança porque acabaram de assumir nova função e é comum esse funcionário ser bom tecnicamente, cumprir seus prazos e metas, ser consistente com suas entregas, mas enfrenta dificuldades por ter assumido um cargo novo. E o mais indicado para desenvolver essas competências será um *coach* especializado em carreira. Líderes experientes podem buscar um processo de *coaching* para ajudar a evoluírem suas competências e talentos, superar dificuldades encontradas no dia a dia ou para alavancarem os resultados de seu time, convergindo com os valores e metas da empresa.

É comum também as pessoas afirmarem que não sabem para onde querem ir, o que gostam de fazer, se sentem extremamente desconfortáveis e com certo grau de dor procurando equilíbrio entre a vida pessoal e profissional. Nesse caso, o *coach* é um dos profissionais que poderá ajudar seu cliente a ter mais clareza e encontrar um caminho seguro para seguir em direção às metas e resultados desejados. Acredito que a falta de autoconhecimento alinhada com autossabotagem podem ser grandes obstáculos para os profissionais e verdadeiras travas para que possam escolher o caminho que querem seguir e crescer em suas carreiras.

Coaching executivo

O cliente do *Coaching* executivo são as empresas, que estão cada vez mais receptivas para esse tipo de processo, buscando a qualificação de suas lideranças, o engajamento de suas equipes e a retenção dos talentos. Além disso, o processo poderá apoiar as empresas, gerando alinhamento entre lideranças, equipes, metas e objetivos estratégicos.

Dentro de um processo de *coaching*, seja de carreira ou executivo, pode-se ir além do que descobrir talentos e competências, o autoconhecimento do *coachee* permitirá que desenvolva sua potencialidade, ajustando inclusive pontos que parecem positivos, mas que podem estar desalinhados com seus objetivos ou de sua empresa. Um exemplo é quando uma pessoa identifica que sua competência multitarefas está alta, pode parecer positivo em um primeiro momento, mas, na verdade, é um ponto de atenção. Hoje está comprovado, por estudos científicos, que pessoas monotarefas são mais produtivas.

Life *coaching*

É um processo focado na vida pessoal, para emagrecer, passar em concursos, vencer um problema de saúde. O profissional *coach* identificará no cliente o momento atual que ele está (ponto A) e aonde vai chegar (ponto B). Basicamente, trabalhará objetivo, planejamento, caminhada, consistência e conquista. Tudo isso alinhado a talentos, objetivos, valores, habilidades e essência do *coachee*. Parte do processo será um mergulho no autoconhecimento, identificando qual perfil comportamental predomina na maior parte do tempo em suas atitudes, entender se é mais executor(a), comunicador(a), planejador(a) ou analista, além dos principais sabotadores que atrapalham sua vida.

Aliado com sessões de valores e forças de caráter, ajudará nas decisões a serem tomadas durante e depois do processo de *coaching*.

Coaching é movimento. Você não pode só entender, precisa fazer, entrar em movimento, caminhar em direção às pequenas e grandes metas estabelecidas no processo. Permita-me fazer um desafio. Escreva abaixo uma meta que deseja muito que aconteça nos próximos 6 a 12 meses. Liste agora qual competência dará mais atenção e o que fará para iniciar a jornada em direção ao seu objetivo, que pode ser um pequeno hábito.

Eu vou a partir de hoje _____.

É comum as pessoas olharem para o *Coaching* e pensarem que quem começou a estudar, fazer formações, tem intenção de trocar de profissão. Se o objetivo for esse, está tudo bem. Acredito que o *Coaching* pode ser mais. Líderes que atuam como *coaches* se comunicam em vez de comandar e controlar, têm enormes oportunidades de impacto, aprendem a perguntar em vez de responder, tentam compreender sem julgamentos antes de tomar qualquer atitude. O líder que é *coach* tem o poder de construir uma relação de confiança e pode se tornar um excelente líder.

Prestes a completar 50 anos, tomei uma decisão difícil, largar uma área na qual dominava há mais de 25 anos para iniciar outro segmento. Na ocasião, eu me questionei quem estava demitindo: minha carreira? A empresa? Ou meu chefe? O que verdadeiramente aconteceu foi que baseado em todo conhecimento adquirido em meus treinamentos e formações de *Coaching*, tive clareza e a segurança para seguir em frente, alinhado com meus valores e metas pessoais. Mas essa decisão não mudará minha vida se eu não colocar em prática todos os aprendizados, pois o fato de mudar de emprego é só 10%, os outros 90% é que farão diferença na minha vida. Em outras palavras, acreditar que o simples fato de mudar de emprego resolverá os problemas é um grande engano, o mais importante é, com toda clareza adquirida, mudar a pessoa que você é.

De tudo que leu neste capítulo, o que fez mais sentido para você? Compartilhe comigo pelos meus contatos e ganhe uma sessão gratuita de Clareza Plena. Ou, se preferir, escolha o que pode começar a fazer a partir de hoje para caminhar em direção aos resultados que deseja.

Referências

CHAMINE, Shirzad. *Inteligência positiva*. Rio de Janeiro: Fontanar, 2017.

GOLDSMITH, Marshal;. LYONS, Laurence S.; MACARTHUR, Sarah. *Coaching: o exercício da liderança*. Rio de Janeiro: Alta Books, 2018.

THEML, G. *Produtividade para quem quer tempo*. São Paulo: Editora Gente, 2016.

THEML, G. *Apostila formação coaching criacional*. Espírito Santo: IGT, 2018.

THEML, G. *Apostila formação coaching criacional avançado*. Espírito Santo: IGT, 2018.

THEML, G. *Apostila formação coaching criacional de carreira e executive*. Espírito Santo: IGT, 2019.

VIEIRA, P. *O Poder da Ação*. São Paulo: Editora Gente, 2019.

9

O PODER DAS ETAPAS INTERMEDIÁRIAS

Neste capítulo, você entenderá o poder das etapas intermediárias em um planejamento estratégico, elaborado a partir do alinhamento da meta com o propósito de vida. Essas etapas são fundamentais para manter o foco na jornada que, por si só, é motivadora e transformadora.

JULIANA DOS REIS SANTOS

Juliana dos Reis Santos

Procuradora do Estado do Rio Grande do Sul. *Master coach* pelo IGT Coaching, especialista em *coaching* para Concursos Públicos. Graduada pela Faculdade de Direito da UFRGS; graduada em Direito Processual Civil pela Universidade Anhanguera – UNIDERP; pós-graduada em Advocacia Pública pelo IDDE e Ius Gentium Conimbrigae, Coimbra - Portugal); pós-graduada em Direito Tributário pela Universidade Estácio de Sá e CERS.

Contatos
contato@coachjulianasantos.com.br
Instagram: @coachjulianasantos

A primeira pergunta que sempre faço a todos os meus *coachees* é: você sabe o que é *Coaching*? Gosto de apresentar *Coaching* como uma metodologia cientificamente comprovada de aceleração de resultados. Identificamos o estado atual da pessoa, o seu ponto de partida, estabelecemos o objetivo e, a partir daí, traçamos um planejamento estratégico para alcançar esse resultado no menor espaço de tempo.

No meu ponto de vista, um processo bem-feito de *coaching* vai trabalhar dois grandes eixos: autoconhecimento e planejamento estratégico. Autoconhecimento é o alicerce de um processo de *coaching* verdadeiramente transformador. É ele o diferencial do *coaching* de qualquer outra metodologia.

Deixo sempre bem claro que, em um processo de *coaching*, não se busca simplesmente alcançar a meta. Busca-se entender o porquê da meta ser importante, se está alinhada aos seus valores, à sua missão e ao seu propósito de vida.

É por isso que, antes de entrar na fase de planejamento estratégico, de se estabelecer de fato o caminho a ser percorrido para alcançar o objetivo, a fase de autoconhecimento é fundamental para dar clareza ao *coachee*.

Não existe planejamento sem clareza. Não existe clareza sem autoconhecimento, pois é por meio dele que vai se identificar o verdadeiro propósito da meta desejada. E sem propósito, não há jornada. E sem jornada com propósito, a meta perde o sentido, fica vazia e a motivação acaba sendo mais difícil de ser encontrada.

Entender sua missão de vida é essencial para se manter motivado, pois é o alinhamento dela com a sua meta que dará sentido à jornada e irá torná-la bem mais leve. Afirmo isso porque, ao identificar sua missão de vida, ela vai lhe dar fortes indícios sobre o que você gostaria de passar a vida inteira fazendo. E você só vai se dedicar de verdade para alcançar uma meta quando as atividades que precisa praticar para alcançá-la estiverem alinhadas com seu propósito de vida.

Quando se tem um propósito de vida, se entende o porquê viemos para esse mundo e deixamos de ansiar pela conquista apenas do grande objetivo, pois passamos a apreciar a jornada. Ou seja, cada passo que damos em direção à grande meta estabelecida é tão importante quanto ela mesma, porque a jornada se torna prazerosa quando está alinhada aos nossos objetivos de vida.

E é da apreciação da jornada que surge uma das mais fortes fontes de motivação: a motivação intrínseca baseada na jornada. De acordo com Petr Ludwig: "a motivação baseada na jornada vai fazer você se sentir mais vezes num estado de felicidade agora, ou seja, satisfeito com sua situação atual. Se o que você faz está de acordo com a sua visão, a sensação é de que tudo vai bem. O que não significa que você esteja parado, porque sua visão exerce o efeito motivacional de impulsioná-lo adiante".

A própria jornada rumo ao grande objetivo passa a ser a própria motivação, porque quando tudo está alinhado com o que verdadeiramente acreditamos, passamos a ver sentido nas coisas que estamos fazendo e passamos a realmente desejar a fazer o que precisa ser feito.

Por que estabelecer metas? Porque quem tem meta, tem foco! E quem tem foco, tem poder! Foco é energia canalizada para os seus objetivos. As metas dão o foco necessário para que você se mantenha sempre em busca da materialização da sua missão de vida. Elas agregam ação àquilo que é apenas idealização.

Um dos maiores fatores causadores de ansiedade nas pessoas é a sensação de paralisia. É a certeza de que não estão fazendo nada em direção àquilo que sonham para suas vidas. Sofrem de paralisia inicial. E o maior causador disso é enxergar o objetivo como algo gigantesco, difícil, inalcançável, distante demais. E, pior ainda, condicionam sua felicidade ao atingimento da grande meta. Aí é que entra a mágica das etapas intermediárias e a motivação baseada na jornada.

Você tem que estabelecer suas metas, seus grandes objetivos. Mas para cada grande meta, tem que traçar um caminho para alcançá-la. E me diga uma coisa: você percorrerá o caminho até a sua meta infeliz? De jeito nenhum!

Se sua meta está alinhada com sua missão de vida, você sabe que cada etapa alcançada do caminho é importante. E cada ação que pratica para alcançar cada etapa desse caminho o ajuda a realizar sua missão de vida, o que o leva a estar diariamente fazendo o que gostaria de fazer. E isso é a felicidade de percorrer a jornada. É ser feliz durante todo o caminho até a meta e não apenas e quando alcançar a meta.

Essa sensação de felicidade é proporcionada pelo estabelecimento das etapas intermediárias, porque têm o poder de antecipar a sensação de realização, trazem aquela meta maior, que parece distante e tão difícil de ser alcançada, para mais perto da sua realidade.

Assim, a cada etapa intermediária que você vai alcançando, o seu cérebro é inundado de dopamina que é o neurotransmissor do prazer e do humor. Ou seja, vai gerar sensação de felicidade constante, que é o combustível necessário para avançar e evoluir cada vez mais na sua jornada, aproveitando-a sempre de forma prazerosa.

Quanto mais dopamina seu cérebro libera, mais associa prazer à sensação de alcançar etapas intermediárias, e mais disso quer. Você passa a gostar de se desafiar cada vez mais e isso o leva a querer se aprimorar cada vez mais, aumentando sua criatividade e capacidade de aprendizado que, por consequência, leva a um constante aprimoramento das suas habilidades, o que leva à constante evolução.

E quanto mais pequenas etapas intermediárias você vai atingindo, mais se sente realizado e no comando da sua vida, porque sabe aonde quer chegar e pode perceber o poder transformador de realidade que suas ações direcionadas e constantes têm.

Você acaba entrando em um ciclo virtuoso que leva à excelência: quanto mais realiza ações direcionadas ao alcance das etapas intermediárias, enxerga o seu grande objetivo mais próximo de ser alcançado. Diante da sensação de alcançar pequenas etapas, mais se aprimora, porque isso gera felicidade instantânea, que é combustível e motivação para querer evoluir cada vez mais e alcançar mais etapas, cada vez mais difíceis, sempre focada na sua grande meta e com a certeza de que seu propósito de vida está se realizando.

Esse é o verdadeiro segredo das pessoas motivadas, elas curtem a jornada, porque se sentem constantemente fazendo coisas direcionadas a um propósito maior, sempre se desafiando e celebrando a conquista de cada etapa intermediária.

Minha experiência como *coach* na área de concursos mostra o quão poderoso é dividir um objetivo muito grande, de médio a longo prazo, como é passar em um concurso público, em pequenas etapas. É emocionante ver o impacto que enxergar o caminho com mais detalhes e metas menores causa no ânimo das pessoas. Vejo como se um fardo de uma tonelada fosse tirado das costas, trocado por um saco de cinco quilos que a pessoa se sente confiante de carregar com facilidade e orgulho.

É a minha sessão favorita, porque geralmente é onde acontecem as mais frequentes viradas de chave nos *coachees*, sendo a sessão de maior impacto em razão da mudança de foco. Geralmente utilizo a ferramenta "Rota da Jornada".

Essa é uma poderosa ferramenta, na qual segmenta-se e traça-se o caminho dos dias atuais, ou seja, do ponto de partida, até o momento de sua realização plena. Durante a sessão de *coaching*, uso a técnica de vir do futuro (último passo da sua realização) para o presente (dias de hoje). Essa técnica impede que nosso cérebro bloqueie nossa confiança com questionamentos do tipo "como fazer isso" ou limite nossa criatividade e nossos sonhos por querer nos fazer acreditar que o trajeto é difícil.

É gratificante demais ver como geralmente o *coachee* começa a sessão desmotivado, pois é uma sessão aplicada bem no meio do processo de *coaching*, momento crucial em que ele já está sentindo o peso da jornada, desanimando-se pelo fato de ainda ter a ideia de que o objetivo é muito difícil de ser alcançado.

No entanto, é emocionante ver como o *coachee* vira um gigante durante a sessão ao perceber que o caminho é construído ao longo da jornada, por pequenas etapas intermediárias, o que dá coragem e permissão para acreditar em si mesmo. É exatamente esse o objetivo da ferramenta. É exatamente esse o poder das etapas intermediárias.

As etapas intermediárias dão concretude àquilo que ainda é um sonho apenas idealizado. Isso é fundamental para manter a motivação em uma jornada que, muitas vezes, pode levar anos. Tira o foco da meta longínqua, distante, e traz o foco para a meta estabelecida para os próximos dois meses, por exemplo. Com uma etapa intermediária próxima, a pessoa não acorda mais todos os dias distante do seu objetivo final. Pelo contrário, agora tem um objetivo próximo, factível, de dificuldade adequada para a fase da jornada em que se encontra. Isso dá motivação. Isso é o poder.

O estabelecimento de metas intermediárias aumenta a proatividade de qualquer pessoa. Gosto da definição feita por Stephen Covey de proatividade como "a capacidade de subordinar um impulso a um valor". E essa proatividade se torna mais fácil de ser exercida quando temos as nossas etapas intermediárias bem definidas para averiguar se tudo está indo bem.

Essa segmentação da grande meta em pequenas metas intermediárias funciona como o estabelecimento de grandes marcos. Seriam como postos de checagem que servem para averiguar se a pessoa está indo na direção certa. Servem como indicadores de evolução que comprovam que a pessoa está agindo de forma constante e direcionada ao que importa.

Na minha vida, o estabelecimento de metas intermediárias é uma constante fonte de energia que me impulsiona a realizar dois valores que me guiam: desafio e crescimento contínuo. Quando entendi o quão poderoso é segmentar um grande desafio em pequenos desafios, me tornei uma "viciada" em alcançar grandes feitos, partindo da valorização dos pequenos passos.

Usei essa técnica quando estudava para concursos. Nunca desperdicei tempo e energia pensando em como faria quando chegasse na prova oral, que geralmente é a última e mais difícil etapa de um concurso. Só foquei em técnicas e estratégias para prova oral quando me deparei de fato com ela. Porque eu sabia que, no início da minha preparação para concurso, não tinha que me preocupar com a última etapa, mas sim com a primeira etapa: a prova objetiva. Depois, foquei em estratégias para as provas discursivas. Após essas, comecei a me preparar para as provas de elaboração de peças judiciais e só quando realmente passei por todas as etapas, me preocupei com a etapa da prova oral.

A jornada é poderosa porque nos prepara para as etapas mais difíceis. De nada adiantava me preocupar com a última fase do concurso se ainda não tinha sido aprovada na primeira. Só quando cheguei até a prova oral, preparei estratégias para alcançar aquela etapa. Mas quando cheguei lá, já não era mais a mesma pessoa que eu era quando comecei minha jornada.

A pessoa que sequer passava em provas objetivas, jamais aguentaria todas as dificuldades que o estudo para uma prova oral exige. Eu não tinha ainda todos os recursos que a jornada até a prova oral me proporcionou. Ou seja, conforme fui avançando em cada fase do concurso, a jornada fez me tornar uma pessoa preparada para a última etapa do concurso: a prova oral. A jornada me transformou em Procuradora do Estado.

A mesma lógica lastreou minha preparação para correr minha primeira maratona. Em janeiro de 2016, fiz um planejamento de um ano para começar do zero até correr a São Silvestre (em 31/12/2016), que são 15 km. Dividi minha meta em trimestres, aumentando 5 km a cada trimestre, deixando o último trimestre para aprimorar minha velocidade. Em 2017, decidi que em oito meses correria uma maratona que são 42 km. Usei a mesma técnica e fui perdendo o medo e avançando quilômetro a quilômetro.

A Juliana de janeiro de 2016 não correria uma maratona, ela não estava pronta para esse desafio. Por isso focou na primeira etapa que tinha pela frente: correr 5 km, depois 10, depois 15. Lembro como se fosse hoje o dia em que bati cada uma dessas metas.

A Juliana de agosto de 2017 correu uma maratona. Ela estava preparada para isso. Mas já não era mais a mesma Juliana que cansou ao correr seus primeiros 300 metros. A jornada me transformou em uma maratonista.

Esse é o poder das etapas intermediárias: cada etapa alcançada torna-o mais forte e preparado para a etapa seguinte. Quando você chegar ao último quilômetro da maratona da sua vida, já se transformou em uma pessoa muito mais forte do que aquela que iniciou o primeiro quilômetro.

Referências

COVEY, S. R. *Os 7 hábitos das pessoas altamente eficazes*. 73. ed. – Rio de Janeiro: BestSeller, 2019, p. 105.

LUDWIG, P. *O fim da procrastinação*. Rio de Janeiro: Sextante, 2020, p. 62.

10

POR UMA VIDA DE PROPÓSITO

Aqui você terá uma nova abordagem para o tema *propósito*. Viver uma vida plena e com significado é algo que todos almejamos, mas, muitas vezes, por falta de autoconhecimento, incerteza do que nos move e crenças limitantes, acabamos vivendo uma vida mediana. Saiba que isso pode ser transformado ao entender qual o seu caminho e como trilhá-lo rumo a uma vida de realização.

AMANDA SANTOS

Amanda Santos

Coreógrafa, professora de dança, produtora de espetáculos e musicais, nutricionista e *coach* de propósito, *coach* de desenvolvimento pessoal, *coach* de artistas, qualidade de vida, relacionamento e emagrecimento. Graduada em Licenciatura em Dança pela Universidade Estadual do Amazonas - UEA (2007). Curso no Disney Performing Arts Orlando/FL (2017) e Los Angeles/CA (2018). Curso Broadway Dance Center e American Ballet Theatre Nova Iorque/NY – 2018. Graduada em Nutrição pela Uni Nilton Lins (2007). Pós-graduada em Obesidade e Emagrecimento pela Universidade Veiga de Almeida (UVA). Curso de Formação em *Personal Diet* pela NRT curso – Porto Alegre 2003-2007. Curso em Analista de Mapeamento de Perfil Comportamental – Solides LCC, empresa norte-americana, e Solides Tecnologia S/A, empresa brasileira – 2020. Curso profissionalizante em *Flow* e Melhor versão – *Felicity Consults* - 2020. *Master coach* formada pelo IGT - Instituto Geronimo Theml (*International Coaching*) – 2020.

Contatos
amandinha_gsantos@hotmail.com
Instagram: amandagsantos
Facebook: Amanda Santos
92 98220 1461

Assim como o propósito do sol é iluminar e aquecer, o propósito do ser humano é amar.
SRI PREM BABA, 2016

O que é ter uma vida de propósito? Você já parou para se questionar sobre isso? Se você for ao dicionário, encontrará o seguinte significado para a palavra **propósito**: "grande vontade de realizar ou de alcançar alguma coisa; aquilo que se busca atingir, o que se quer fazer, aquilo que se tem a intenção de realizar; resolução".

Entendo como propósito de vida aquilo que me move, me motiva, que me faz continuar mesmo perante as dificuldades que a vida me apresenta. São os meus porquês, que me fazem acordar todas as manhãs com vontade de viver e lutar por algo – ou por alguém –, é o caminho para a minha missão na Terra.

É a sensação de se deitar em um domingo à noite sentindo profunda gratidão, colocar a cabeça no travesseiro e sentir alegria por saber que a semana está para começar e, com ela, terá novos desafios e metas a cumprir, se sentir vivo por isso, sabendo que, na segunda-feira, pessoas esperam e precisam de você, da sua energia, do seu sorriso, do seu conhecimento e habilidade, do seu trabalho. Iniciar a semana se olhando no espelho e tendo orgulho de si, do que é e do que faz. Não será mais um dia ou uma semana qualquer, será um dia único, com sorrisos e dificuldades a viver, e sua sensação no fim dessa jornada é de missão cumprida, pois agregou valor para si, para os outros, para o mundo. Sentir que o universo precisa de você é uma dádiva.

Já sentiu ou sente isso? Se sim, parabéns! Você está vivendo uma vida de propósito; se não, fique tranquilo, continue aqui comigo neste capítulo e saiba como posso ajudá-lo a criar e construir a vida que sempre sonhou.

Um pouco de mim

Quando mais nova, eu gostava muito de dançar, mas ainda não sabia que o mundo da arte seria minha carreira profissional. Ao perceber que esse amor pela Dança me movia, que era isso que fazia meu coração bater mais forte, decidi que era com isso que queria trabalhar. Bom, não é tão simples aos 16 anos virar para a família e dizer: "quero viver de Dança".

Já fui muito questionada se não tinha medo de não dar certo, de não conseguir me manter trabalhando com Dança. O preconceito foi e ainda é muito grande em inúmeras áreas de atuação, e foi exatamente assim que fui parar na faculdade de Nutrição. Claro, não abandonei a Dança, fiz as duas faculdades ao mesmo tempo, aconselhada por familiares e com o intuito de ter mais segurança, caso a Dança não me trouxesse retorno financeiro. A preocupação das pessoas que nos amam em relação a isso é compreensível, afinal querem nosso bem, querem segurança.

Mas é aí que mora uma linha tênue entre segurança e crença limitante. Na maioria das vezes, as pessoas que você mais ama e que mais a amam serão as primeiras a tentar afastá-la do seu sonho, não por maldade, mas por medo de que sofra, que não dê certo. Comigo foi assim: minha mãe me apoiou desde o início, fui abençoada em tê-la sempre ao meu lado, mas alguns familiares tiveram receio e me trouxeram um "plano B", que foi a faculdade de Nutrição, pela qual sou muito grata.

Finalizei as duas faculdades em 2007, acabei gostando de Nutrição. Mesmo com o foco principal na Dança, passei anos me dedicando à Nutrição também, fazendo especializações, cursos, trabalhando em diversos lugares, vivendo muitas experiências. Mas aquilo não me trazia a mesma motivação.

Confesso que muitas vezes acordava para ir trabalhar e não tinha o mesmo brilho nos olhos. Era como se faltasse algo dentro de mim, meus dias eram mais pesados e eu não tinha, na Nutrição, a mesma sensação de contribuição e realização como tinha na Dança.

Dediquei-me às duas carreiras por muito tempo. Então chegou um ponto em que tive que fazer uma escolha. Não cabiam mais duas carreiras em minha rotina e, por mais difícil ou assustador que pudesse parecer, nem pensei duas vezes: escolhi me dedicar exclusivamente à Dança. O resultado dessa escolha? Tornei-me coreógrafa e professora de mais de 300 alunos, fiz viagens para o exterior, proporcionei um emprego para minha mãe, troquei de carro e comprei meu apartamento.

São anos vivenciando e respirando esse mundo encantador da arte, levando meu amor por meio da Dança, me reinventando a cada aula de jazz. Mas, depois de dez anos, chegou um ponto em que eu queria me desafiar mais. Senti essa necessidade, me via já entrando em uma zona de conforto, tudo estava caminhando muito bem, mas era como se algo que desconhecia estivesse dentro de mim me puxando para um lugar novo.

A virada de chave

Em 2018, li um livro que mudou minha vida e minha forma de me relacionar com o outro: *As 5 linguagens do amor*. A partir daí, mergulhei em um profundo processo de autoconhecimento. Comecei a fazer cursos de desenvolvimento pessoal, congressos, assistir a palestras e foi aí nessa caminhada que, em 2019, uma amiga me apresentou duas coisas que eu ainda não sabia, mas que mudariam minha vida completamente: o livro *O milagre da manhã* e um *coach* que ela admirava e acompanhava seu canal no *YouTube*. Desde o primeiro vídeo a que assisti desse *coach*, me conectei imediatamente com ele.

Comecei a aplicar o milagre da manhã em minha vida e minha rotina foi ficando cada vez mais extraordinária. Sabe quando resolve cuidar mais de si, se amar mais, dedicar um tempo a você antes do dia começar? Se ainda não experimentou, sugiro que experimente. É transformador.

Nessa busca de autoconhecimento, comecei a sentir muito forte que podia mais, que minha missão era maior. E foi exatamente essa busca, esses questionamentos internos, as descobertas que fui vivenciando no decorrer do processo que me fizeram chegar ao mundo do *coaching*.

Como o *coaching* entrou em minha vida?

Tudo aconteceu muito rápido. Quando me vi, em menos de 2 anos, era janeiro de 2020, e eu já era uma *coach* formada pelo IGT, empresa daquele *coach* que minha amiga havia me apresentado – o mestre e mentor Gerônimo Theml, a quem sou muito grata. Vivi uma semana intensa nessa formação, compartilhando ideias, sensações, aprendizados, crescimento, experiências novas com pessoas incríveis e que tinham o mesmo objetivo que o meu: crescer, evoluir e contribuir. Aquele ambiente me fez sentir que eu estava no lugar e com as pessoas certas. Eu não tinha ideia do efeito surreal que tal formação teria em minha vida.

Assim voltei para minha cidade natal, Manaus/AM, e fui colocar em prática tudo o que aprendi e vivenciei. Eu busquei o *coaching* para agregar valor à minha carreira de professora, líder, produtora de espetáculos, queria me tornar uma líder e uma pessoa melhor. Entendi que o *coaching* me proporcionaria isso.

Comecei a aplicar a metodologia do *coaching* com meus amigos e família, o resultado foi transformador. Sim, eu estava promovendo muDança na vida das pessoas, me emocionava e me orgulhava de cada passo dado, via a diferença que estava proporcionando positivamente na vida delas.

O valor de acompanhar o progresso de alguém e saber que você está contribuindo para isso faz tudo valer a pena. Quando um cliente (que chamamos de *coachee*) senta-se na minha frente e expõe um objetivo ou sonho que quer alcançar, aquele sonho imediatamente se torna meu também, e não medirei esforços em contribuir para a sua concretização.

Em poucos meses atuando como *coach*, fui intitulada como *Embaixadora do Bem* em uma causa social; meses depois, virei palestrante, finalizei há pouco minha formação em *master coach*, e estou neste exato momento da minha vida iniciando uma caminhada como escritora, tudo com o mesmo propósito: fazer diferença e contribuir agregando valor na vida das pessoas, fazendo-as acreditar que vai dar certo.

O que faria você continuar quando qualquer um pararia?

Nosso propósito inabalável é o que irá nos dar motivação rumo à conquista, é fundamental em nossa caminhada. Se o seu objetivo, por exemplo, é atingir sua liberdade financeira, ou trabalhar com o que ama, seu propósito seria o porquê de isso ser importante para você, entende? Seria para conseguir ter a casa dos sonhos para proporcionar uma vida melhor para seus filhos? Ou contribuir para alguma causa social colaborando para termos um mundo melhor?

O propósito inabalável pode oscilar de acordo com o momento que estamos vivendo. Veja bem, ele é o motivo que fará você se levantar da cama, tem dias que sua motivação será ter a casa que tanto sonha, outro dia sua motivação será a sensação de orgulhar seu filho. Mas tem dia que esses objetivos não serão suficientes em um dia difícil, mas sim o incômodo por viver em um mundo tão injusto, a vontade de fazer diferença no mundo moverá naquele dia e fará você despertar e agir rumo ao seu sonho.

Você concorda comigo que, quanto mais propósitos tiver, menos chance eu tenho de desistir? Mais motivos irão me levar e me impulsionar rumo à conquista, a uma vida de realização e sonhos concretizados.

Vamos imaginar uma conversa com duas funcionárias, Antônia e Márcia, de uma escola pública, que compartilham a mesma profissão: Serviços Gerais. Quando fazemos a elas a mesma pergunta: "com o que você trabalha?", obtemos respostas diferentes.

Dona Antônia: "Eu tenho uma vida sofrida, acordo todo dia cedo para limpar esse chão e privadas sujas que os alunos e funcionários sempre deixam uma porcaria. Meu sonho é ter um emprego que eu possa orgulhar minha família, mas por enquanto estou aqui porque tenho que pôr dinheiro na casa".

Dona Márcia: "Trabalho para proporcionar um ambiente mais limpo e de qualidade, essa é minha função, que exerço com prazer. Venho feliz, pois sei que eles precisam de mim, me sinto contribuindo para manter a higiene e qualidade de vida na escola. Sou muito grata e orgulhosa com o meu trabalho".

Perceberam a diferença? A profissão é a mesma, o setor do serviço é o mesmo, mas o porquê é o diferencial. Enquanto uma está infeliz, se sente fadigada e com vergonha do que faz, a outra levanta cedo com o brilho no olhar por saber que está contribuindo para a sua comunidade. E isso serve para qualquer carreira, qualquer área. Você é um ser único e tem uma missão a cumprir nessa vida.

Você já parou para se questionar: estou vivendo uma vida de propósito? Tenho atingido os resultados esperados? Sou feliz e realizado com o que faço? Como me vejo no mundo? Você gostaria de reescrever essa visão ou está satisfeito? Posso ajudar a ter, fazer e ser o que você deseja.

Nosso cérebro não distingue real do irreal, então podemos nos imaginar tendo a vida de nossos sonhos e criar a própria realidade. Isso se chama Ciclo da Realidade: onde eu vivo no mundo que crio. Se você é um jovem que neste momento precisa escolher uma área para seguir e viver disso a vida inteira, ou um adulto que não está feliz e pretende fazer uma transição de carreira, se veja lá na frente, visualize-se como um profissional realizado que impacta o mundo, assim você cria a imagem de alguém realizado e feliz.

Claro que a visualização tem um poder imenso, mas sem o esforço, sem a ação, não conseguiremos atingir nada na vida. Temos que sentir merecedores e fazer por onde para alcançar nossos objetivos, optando por criar o mundo que desejamos e fazer acontecer. "Tudo é possível. No entanto, nós raramente buscamos o que é possível e preferimos concentrar nossa energia no que é provável". (HAL ELROD, 2019)

Meu propósito

Um forte propósito que tenho é cada vez mais agregar valor na vida das pessoas, fazer com que cresçam pelo menos 1% ao dia. É isso que me move. Hoje vejo que a carreira como *coach* e a carreira artística me proporcionam isso, consigo agregar valor na vida do outro. Sou extremamente grata por estar trilhando este caminho, esta jornada que, para mim, ainda será muito duradoura e iluminada.

Imagine a sensação de ver alguém realizar um sonho da juventude que achava tão distante e talvez impossível, ver uma mãe de mais de 50 anos reconectar consigo mesma, ver um filho voltar a se relacionar bem com os pais, ver mulheres recuperando sua autoestima, ver jovens encontrando seu propósito e prontos para trilhar uma jornada de realização fazendo o que amam.

Meu trabalho como *coach* é trazer esperança e vida para as pessoas. Todas essas citações, assim como outras, tive a oportunidade de ver com meus próprios olhos, vivenciei e vibrei com cada conquista. E ter contribuído com cada uma dessas jornadas é muito recompensador.

Eu espero que, com a leitura deste capítulo, você possa ter crescido ao menos 1%. Se consegui e consigo, você ou qualquer outra pessoa também consegue ser, viver e ter uma vida com propósito. O que você está fazendo hoje pelo seu sonho?

Se puder me dar a honra de ajudá-lo, posso ser sua *coach* e trilhar com você uma jornada rumo à realização. Afinal, como afirma Walt Disney: "Você pode sonhar, projetar, criar e construir o lugar mais maravilhoso do mundo. Mas precisará de pessoas para tornar o sonho realidade".

Referências

BABA, S. P. *Propósito*. São Paulo: Sextante, 2016.

CHAOMAN, G. *As 5 linguagens do amor*. 3. ed. São Paulo: Mundo Cristão, 2013.

ELROD, H. *A equação do milagre*. Rio de Janeiro: BestSeller, 2019.

ELROD, H. *O milagre da manhã*. Edição Especial incluindo o milagre da Manhã diário. Rio de Janeiro: BestSeller, 2019.

11

É CAMINHANDO QUE SE CONSTRÓI O CAMINHO

Toda jornada não começa com sua decisão de caminhar. A batalha interna começa bem antes de colocar o pé na estrada. Para que a decisão seja colocada em ação e possa assumir as rédeas e a gestão das suas emoções e comportamentos, entenda, neste capítulo, como o nível de consciência pode impactar na sua caminhada.

CANDIDA QUADRELLI

Candida Quadrelli

Coach sistêmica e de Inteligência Emocional e palestrante. *Coaching* Criacional pelo IGT, Sistêmico e Neurossistêmico pelo Metaforum. Analista comportamental, especialista em crenças e autossabotagem, facilitadora em constelação organizacional. Graduada em Comunicação Social pela SUAM/RJ, com pós-graduação em Gestão de Empresas pela FGV.

Contatos
www.candidaquadrelli.com.br
Instagram: @coachcandidaquadrelli
Facebook: CandidaQuadrelliCoach

Siga seus sonhos, eles sabem o caminho

Quando alguém me pergunta que pista leva ao seu verdadeiro propósito, sua missão maior e como chegar lá, respondo: "olhe para o seu passado". Não sei quantos anos você tem agora, mas convido a olhar para a sua vida da infância aos 19 ou 20 anos. Lá, naquele lugar onde não havia barreiras para a sua imaginação, onde tudo era possível e você era desafiado a aprender algo totalmente desconhecido quando ganhava um presente, por exemplo, havia - quem sabe - um engenheiro montando brinquedos ou uma arquiteta misturando massas e cores. Naquele lugar nascia um sonho. O seu sonho.

Na fase da adolescência, eu sentia uma alegria imensa ao liderar e integrar grupos, fossem da igreja ou do colégio. Lembro que, com menos de 18 anos, já fazia palestras para grupos de mais de 200 jovens mesmo que pela timidez ficasse com manchas vermelhas no pescoço. O título das palestras "Quem sou eu?" era um convite a olhar para si e descobrir-se. Qualquer semelhança com o processo de *coaching* não será mera coincidência.

#dica: olhe para seu passado e para as lembranças que fluem com prazer e alegria. Quais eram os seus sonhos? O que você desejava se tornar?

Como fazer as melhores escolhas?

Decidir é tomar atitudes. Existem pessoas que são totalmente espontâneas e outras que necessitam de um tempo para medir prós e contras. E todas elas já "quebraram a cara" de algum jeito. Quem é mais espontâneo deseja pensar mais e, quem pensa muito, acredita que pode ser menos crítico. Não existe uma fórmula perfeita. O que existe é o jeito mais adequado, por isso conhecer o que motiva a sua tomada de decisão é o que o ajuda a fazer escolhas melhores.

Você pode e deve ser o roteirista e principal personagem da sua vida. A realização das metas e sonhos é diferente para cada um dos 8 bilhões de habitantes no mundo. Por isso, quanto mais você conhecer suas motivações, mais cedo construirá a realidade que deseja.

Ao final do Ensino Médio, pensava em fazer Direito por gostar de falar, defender casos e pessoas. Porém, como eu gostava muito de escrever, decidi fazer vestibular para Comunicação Social pensando na carreira de Jornalismo. Eu acreditava naquela época que, dessa forma, aliaria o forte senso de justiça que alimentava minha jornada ao talento percebido da escrita. Ou seja, um valor e um recurso. Você conhece a importância do valor nas suas escolhas? Temos um pacote de valores hierarquizados que governam as nossas atitudes. Quando pensei em fazer Direito, me via obrigada a defender alguém que era culpado ou prejudicar alguém inocente e isso era contra o meu valor de justiça. Quando tomamos uma decisão que atropela nossos valores, com certeza teremos dor no caminho. Mesmo que atingisse a realização, eu não teria a sensação de sucesso e sofreria com conflitos, culparia o sistema jurídico, adoeceria de várias maneiras etc.

Para essa escolha, considerei também uma habilidade: gostar de escrever, falar e fazê-lo de maneira competente. É fundamental reconhecer seus recursos assim como mapear aquilo que atrapalha e paralisa. Os recursos ajudam na construção. As interferências são bagagem prejudicial a sua jornada. Para preparar sua mochila, é necessário conhecer essas forças antagônicas.

#dica: pense que você está ouvindo as pessoas falando no seu velório. "- Puxa, que triste que ela morreu. Ela era tão..." Assim terá uma pista para os valores que são sempre percebidos pelas suas atitudes.

Virada pelo avesso. Ainda bem.

Trabalhei por 25 anos numa agência de publicidade vivendo o que era o sonho de uma recém-formada em dar razão a sua formação quase 10 anos depois (fiz vestibular para Comunicação Social, mas, na hora H, decidi por Publicidade e não por Jornalismo).

Eu andava me sentindo desmotivada há algum tempo. Perdi a energia, aquela intensidade interna. Questionava-me pensando: me acomodei e envelheci? Eu sentia a necessidade de que algo mudasse na minha vida, mas não sabia por onde começar. Não conseguia descobrir o que era, estava presa nas armadilhas da mente e da autossabotagem, que na época desconhecia.

Quando nos percebemos infelizes, mesmo sem ter clareza do que acontece, podemos tomar duas atitudes: deixar como está, ignorando as emoções, ou romper com esse padrão de comportamento e mudar. Eu não estava feliz e me culpava por isso. Afinal, atingi meus objetivos pessoais e profissionais. O que faltava então?

Pode parecer fácil escolher entre as duas opções. Libertar-se, ser feliz é óbvio. Mas vou contar como a escolha acontece dentro da sua mente. Fica claro, em muitas situações, que ignorar o grito de socorro interno tem sido a escolha inconsciente de muitas pessoas. E como acontece esta escolha inconsciente? Antes de tomar uma decisão você pensa, às vezes conversa com outras pessoas, faz orações, medita e decide. Sigo dizendo que, mesmo assim, esta pode ser uma decisão inconsciente. Para fazermos mudanças libertadoras em nossa vida sendo protagonistas da nossa história, é necessário obter clareza sobre nossas motivações. Falarei sobre a escolha inconsciente adiante.

Estava há mais de um ano buscando entender e mudar os sentimentos incômodos, mas foi a partir de várias imersões, respiração, experiência de silêncio e outras práticas que vivenciei, que pude resgatar pedacinhos de mim que estavam esquecidos, começando então a fazer o que chamo de caminho de volta para mim mesma. Como consequência das minhas ações e da minha busca, o universo decidiu me dar uma oportunidade. Em um dia de maio de 2016 fui chamada para uma reunião. Chegando diante da porta, coloquei a mão no puxador, respirei e disse para mim mesma: estou pronta. Sabia que seria desligada. Entrei e procurei ficar presente para o que cada um ali estava falando. A preocupação de todos os sócios comigo era quase palpável. Um copo de água foi colocado na minha frente. Escutei a todos e falei pouco. Não estava me controlando. Estava verdadeiramente calma para o cenário que se desenhava. Mais que calma, estava grata por tudo que pude viver naquela empresa.

> *Não importa o que fizeram com você. O que importa o que você faz com aquilo que fizeram com você.*
> Jean-Paul Sartre

Imagine-se construindo um castelo de cartas. Você vai construindo carta a carta com cuidado e atenção. Você mede os prós e contras e segue adiante. E aí um vento repentino faz tudo desmoronar. O que você faz nesse cenário? Culpa o vento? Culpa a si próprio por não ter fechado a janela? Começa a construir no mesmo lugar nas mesmas condições? Desiste de construir? Quando algo acontece e te vira do avesso é aí que pode estar a grande oportunidade de descobrir o lado certo e reinventar sua história e sonhos.

Eu sabia que uma mudança era necessária, mas quando ela aconteceu, balancei e tive medo. Tudo aconteceu no momento certo. Eu estava pronta, reconectada comigo mesma e aberta ao aprendizado. "Cadê a raiva ou o sentimento de injustiça?", me perguntavam. Eu simplesmente estava em paz.

Um dos maiores desafios do ser humano é seguir rumo ao desconhecido. Perder aquela sensação de controle e segurança que traz certo conforto para a maioria das pessoas. Por isso, histórias de grandes aventureiros estão sempre povoando o nosso imaginário. "Que coragem!" – dizemos com certa admiração e espanto. A questão não é ausência de medo, mas sim seguir adiante apesar do medo.

O desconhecido assusta.

> *Aquilo que você não tem é pelo que ainda não sabe, pois, se soubesse, já teria.*
> Pyero Tavolassi

Tomar decisões de maneira consciente ou inconsciente é o que diferencia os nossos resultados. Para que fique mais claro como isso acontece, vou trazer aqui o conceito da Competência Humana atribuído a Noel Burch, colaborador da *Gordon Training International* na década de 1970, que define quatro níveis de consciência.

- *Incompetência inconsciente:* significa que você é incapaz de notar que não sabe. É quando você não sabe que você não sabe.
- *Incompetência consciente:* aqui sabe o que você não sabe e pode escolher aprender ou não.
- *Competência consciente:* você sabe o que precisa fazer, mas necessita de muita concentração ou esforço.
- *Competência inconsciente:* você domina a habilidade de tal forma que o faz de forma automática ou intuitiva.

E você, o que não sabe que não sabe? Quando estava paralisada no meu momento de incompetência inconsciente, justificava o que acontecia com a crise econômica, cobranças exageradas, a falta de reconhecimento etc., sem enxergar oportunidades que existiam fora daquele mundo. Só via agências de publicidade em crise, mercado jovem ampliando etc. Era necessário ampliar horizontes.

Meses antes de ser desligada, fui convidada por uma amiga para trabalhar em um projeto de desenvolvimento humano. Encontrei ali algo que amaria fazer. Descobrir o que se deseja catapulta você na direção certa. Comecei então a trabalhar no projeto, mas sabia que precisaria de novos aprendizados (incompetência consciente), por isso fui buscar formações adequadas. Foi quando encontrei o *Coaching* e com ele mais que uma profissão, um propósito, meu porquê alinhado com aquele sonho da jovem representante de turma e palestrante na igreja.

Claro que eu tinha medo daquele momento de recomeço vendo tantas pessoas experientes e capacitadas em ação, mas entendia que era necessário recomeçar sendo estagiária de mim mesma. Com a jornada veio a prática e o aprendizado no nível da competência consciente.

E como se chega à fase da competência inconsciente? Ela acontece quando nossa concentração e excelência estão de mãos dadas. Para chegar ao estágio de competência inconsciente, além de conhecimento, é necessário atitude, ação.

#dica: ao aprender algo novo, comemore seus erros; a partir deles, você aprende. Registre seus acertos e, principalmente, mantenha a disciplina.

Se os resultados que você tem hoje não se alinham com o que você quer para a sua vida, a única maneira de mudar isso é aprendendo novas estratégias.
Geronimo Theml

Nosso cérebro consome cerca de 25% da energia do corpo e sua função é economizar energia para sua sobrevivência. Se assistiu ao filme *Divertidamente* (Pixar, 2015), vai lembrar que lá existia o centro de comando com as emoções básicas que davam ordens, armazenavam memórias de longo prazo, emoções e pensamentos. Lá é onde tudo acontece.

Então, para fazer mudanças por menores que sejam, sua maior batalha não é externa e sim interna, pois seu cérebro entende mudanças de comportamento como maior gasto de energia, portanto, sinal de perigo, fazendo-o voltar ao padrão anterior.

Cinco passos para entrar em ação

Agora que você sabe a importância dos sonhos, identificou como se dão escolhas e entendeu como seguir entre os níveis de consciência, deixo aqui cinco passos importantes para entrar em ação.

1. *Tenha clareza sobre o que você quer* – olhe para o futuro e perceba quem é você e como deseja se sentir daqui a 5 ou 10 anos.
2. *Não busque atalhos* – atalhos são curtos porque não duram. Comprometa-se com o processo.

3. *Transforme o que deseja em algo mensurável* – meça o progresso do seu objetivo e ele vai se tornar um hábito e um estilo de vida.
4. *Quebre seu objetivo em pequenas tarefas* – estabeleça para essa conquista tarefas semanais ou quinzenais e mantenha um registro visual do seu progresso.
5. *Identifique e minimize as ameaças* – perceba que emoções podem paralisar a sua jornada e busque estratégias alternativas.

Em algum momento, você pode pensar em desistir e isso faz parte da jornada. Em 2019, Lady Gaga fez um discurso emocionado ao ganhar o Oscar e é assim que desejo a você uma feliz caminhada na qual descanse, mas jamais desista. "Se você está em casa e estiver assistindo isso agora, tudo que eu tenho pra [sic] falar é que isso é resultado de trabalho duro. Eu trabalhei por muito tempo e não é sobre ganhar, mas sobre não desistir. Se você tem um sonho, lute por ele! Existe disciplina na paixão. E não é sobre quantas vezes você é rejeitado ou cai e é derrotado. É sobre quantas vezes você se levanta e é corajoso e continua caminhando!"

Referências

SARTRE, J. P. *Sant Genet: ator e mártir.* Petrópolis: Editora Vozes, 2002.

THEML, G. *Assuma o comando da sua vida: chegou a hora de parar de tentar e começar a conseguir.* São Paulo: Gente, 2020.

12

FAMÍLIA: A BASE PARA O DESENVOLVIMENTO HUMANO

Neste capítulo, você encontrará métodos os quais fortalecerão o desenvolvimento pessoal, familiar e social. Conseguirá melhor compreensão dos vínculos a que se relaciona hoje e compreenderá o círculo da vida com mais clareza, para viver melhor e mais feliz, ressignificando dores em alegrias. Perceberá o quão valioso é resgatar origens a fim de que supere dores vivenciadas que impedem o fluir dos dias atuais. A transformação de uma vida feliz começa em você.

ROSINELIA FRANCO

Rosinelia Franco

Pedagoga graduada pela Universidade Metropolitana de Santos (2015), com pós-graduação em Psicopedagogia Clínico-institucional (Escola Superior Aberta do Brasil - 2017). Especialista em *coach* para pais, crianças, adolescentes e escolar (*Teen Coaching – Kids Coaching* pelo ICIJ-2019). Analista de Mapeamento de Perfil Comportamental (SOLIDES-2019). Palestrante *coach* educacional, familiar e *executive*. Buscando sempre prosperar o bem familiar e educacional em prol do desenvolvimento humano em vários aspectos da vida.

Contatos
coach.francorose@gmail.com
Instagram: Rose Franco_Teen Coaching
Facebook: Rosinelia Franco
73 99956 5997
73 3605 3143

Por muitas vezes nos deparamos, na sociedade atual, com famílias que vêm perdendo o autocontrole em seus lares em relação aos limites na educação dos filhos, sejam crianças ou adolescentes. É importante ressaltar que o mais importante é o não julgamento da situação, mas encontrar a solução de maneira saudável para pais e filhos. "Ao ter de lidar com as escolhas, o ser humano experimenta uma angústia existencial atroz". A necessidade de buscar um futuro com mais conforto, almejando dar o melhor aos filhos faz com que muitas famílias passem grande parte do tempo trabalhando fora de casa, quase não têm tempo para os filhos. Isso não implica que tenham que viver todo o tempo com os filhos e deixarem seus empregos, até porque a lei da sobrevivência exige que busquem sempre os melhores empregos que tenham retorno financeiro viável para o sustento. O importante é que saibam aproveitar o pouco tempo que têm com os filhos, a qualidade do tempo é primordial para obter laços afetivos que refletirão por toda existência.

Pais amáveis, carinhosos e que saibam impor limites em seus filhos com amor conseguem manter um lar agradável e geram bons resultados no presente e no futuro. Contudo, ser bons pais não implica fazer as vontades dos filhos, ceder aos desejos somente para evitar conflitos. É necessário saber dizer *não* e impor limites, jamais perdendo o amor, pois a vida refletirá as vivências as quais os filhos tiveram e não terá piedade em impor da maneira correta.

"O que diferencia os jovens que fracassam dos que têm sucesso não é a cultura acadêmica, mas a capacidade de superação das adversidades da vida". Eis a realidade dos nossos reflexos. Muitos pais não tiveram situação financeira para conseguir boas formações acadêmicas para seus filhos, porém deixaram de herança uma cultura que dinheiro algum será capaz de comprá-la.

Portanto, deixe como legado a seus filhos a cultura, que será levada para sempre. Tenha certeza de que mesmo os melhores títulos não serão nada se não tiverem cultura. Isso é herança adquirida. É comum conviver com pessoas com cargos e títulos grandiosos e que não transparecem ter somatória de cultura para exercerem com seus títulos. O cérebro humano está aberto a constante aprendizado, basta estimulá-lo por meio de diálogos construtivos, potencializando abordagens adequadas.

É importante ressaltar que na abordagem do *coaching* não se trabalha disfuncionalidade, mas por meio de metodologias, ferramentas e técnicas validadas podem-se aumentar os resultados positivos promovendo novos entendimentos em busca de suas conquistas e realizações.

Nas últimas décadas, muitas mudanças ocorreram repentinamente no âmbito de relacionamentos, principalmente na formação familiar e desencadearam vários fatores no desenvolvimento humano, surgindo transtornos quanto às relações uns com os outros, por se calarem e tentarem resolver sozinhos os temores, gerando novas angústias e desencadeando uma série de complicações na saúde e no bem-estar.

Ser forte não implica ser capaz de solucionar os problemas sozinho, mas ser capaz de pedir ajuda quando necessitar. Estimular as nossas crianças a pensar é primordial para que não aceitem tudo que vier. Sempre que perguntarem, pare para ouvi-las. Na rotina das famílias, muitas crianças acabam ficando robotizadas diante da tecnologia, paralisando sem regras e limites do que fazer durante o dia, sem uma boa alimentação, atividades físicas, hora de dormir, enfim, sem parâmetros. Além disso, para evitar transtorno, muitos pais acabam cedendo aos desejos dos filhos para terem um momento de paz.

Relacionando com o meu eu interior

"A maneira como enfrentamos as rejeições, decepções, erros, perdas, sentimento de culpa, conflitos nos relacionamentos, críticas e crises profissionais pode gerar maturidade ou angústia, segurança ou traumas, líderes ou vítimas". Criar laços afetivos vai além de se ter uma família, é cuidar, amar, ensinar, compartilhar, preparar o outro para uma vida.

Quando se perde a direção, o melhor é parar e analisar o percurso que foi trilhado até o momento, refletir sobre o que aconteceu na caminhada, erguer a cabeça, superar as falhas e seguir a caminhada. Procrastinar não soluciona; liderar a situação sustentada no objetivo que se tem é que fará a diferença na família e na sociedade.

Os vínculos afetivos familiares se obtêm desde o ventre da mãe, são sentimentos que levarão para toda a vida. Muitos conflitos não surgem na criança ou na adolescência, mas sim na vida adulta como reflexo de um passado que impedirá o desenrolar de alguma situação e não se sabe o porquê. Se fizer análise de todo o caminho trilhado, encontrará o bloqueio que ficou registrado na memória e poderá seguir a caminhada.

Vale ressaltar que, na família moderna, surgem mais bloqueios por ser diversificada a sua formação: filhos de pais separados, filhos adotivos, com laços sanguíneos ou não, entre outras formações familiares. O importante é que, independentemente da forma a qual se constituiu, sempre será família e exigirá uma base sólida para edificar e gerar bons resultados no presente que influenciarão no futuro.

É possível relacionar-se bem em um ambiente familiar?

Em meio a tantos encontros e desencontros no ambiente em que convive uma família, é possível manter uma harmonia com todos os membros. Primeiro passo é fazer uso do não julgamento das situações rotineiras, o ouvir pode até ser demorado, refletir demora mais tempo ainda, mas com eles surgem o aprendizado do momento. Ser explosivo não fará ninguém refletir, apenas gerar irritabilidade.

Temos a capacidade de levar o indivíduo a repensar, porém exige paciência e a prática da repetição. É pela repetição que levamos à persistência em busca de novas atitudes e de novos resultados. Quando se tem foco e objetivo, consequentemente haverá conquistas e reorganização de outros elementos que estão próximos da conjuntura familiar. Seja a transformação que a sua família precisa, comece a transformar a si mesmo. A partir dos seus reflexos, conseguirá modificar todos do seu ciclo vivencial.

Retomar algumas situações vivenciadas recentemente que tenha paralisado diante de alguma situação como, por exemplo, julgamento de familiares ou amigos sobre a forma a qual educa seus filhos, baixa autoestima mediante situações as quais se relacionam no trabalho ou em outros ambientes que tem hábito de frequentar fará com que reorganize seus pensamentos e objetivos, obtendo atitudes positivas no relacionamento.

Algumas famílias estão se aprisionando dentro de suas casas com receio do mau comportamento dos filhos, por medo do julgamento alheio ou até pelo fato de alguma situação a qual considera constrangedora. Jamais deixe ser vencido por opiniões de quem não vivencia a sua vida. Supervalorize a honra e dê a volta por cima, erga a sua cabeça e passe a compreender o porquê de determinados comportamentos inadequados da criança ou adolescente. Os medos bloqueiam relacionamentos.

A criança ou adolescente sempre precisará do amor e carinho dos pais, por isso não dê responsabilidades pelo fato de serem espertos demais ou julgarem que têm maturidade. Manusear redes sociais não implica ter maturidade. Muitas vezes são defesas virtuais quando se sentem frustradas ou não sabem como reagir em determinadas situações.

Isolar-se do mundo real não fortalecerá o futuro adolescente ou adulto; ao contrário, fará com que sinta paralisado em meio à vida real em que existem perguntas sem respostas, decepções ou outras situações. Sair da zona de conforto não é nada agradável, mas é importante para criar crianças emocionalmente fortes e evitar adultos frustrados. Afinal, viver vai além de uma tela, uma fantasia em que se cria o próprio cenário, com cenas permissíveis que a evolução tecnológica permita desfrutar.

Evitar que a criança tenha convívio com outras, que deguste o sabor amargo do *não*, do compartilhar com o outro, não apenas brinquedos, mas também amigos, não a tornará emocionalmente autoconfiante. Seria bom se existisse uma técnica para que pudéssemos evitar que as crianças passassem por esses momentos difíceis. O importante é fazê-las refletir sobre os momentos vivenciados para que tenham autoconfiança, senso de aceitação e tolerância no convívio com outros.

A família terá mudança em sua percepção sobre a criança ou adolescente, sobre seus potenciais e suas possibilidades, facilitando ainda mais o entendimento dos seus sentimentos, acolhendo cada momento e evitando traumatização ou vitimização exageradas.

Ser acolhedor e manter vínculos seguros na rotina familiar nos fortalece em várias áreas, tanto pessoal quanto profissional. Estar bem consigo fará os seus fardos mais leves. Lembre-se de que nunca estará sozinho na caminhada, sempre haverá alguém passando por situações parecidas ou até mesmo mais complexas.

Valorize cada momento em sua vida, supere suas dores e siga adiante. Tenha objetivos, sonhe, trace metas e faça planos, mas siga na direção da realização. Não é o ambiente que mudará, mas suas ações que farão a mudança. Portanto, seja positivo mesmo diante de momentos negativos.

O poder da transformação vive dentro de você, restaure a paz por onde passar e verá que tudo é questão da maneira que se interpreta a situação. Todos podem vivenciar as mesmas coisas e ter pontos de vistas diferentes. O respeito das interpretações é que consolidará o momento. Tenha empatia sempre mediante as vivências com o outro e verá que os momentos serão mais divertidos e descontraídos.

Você tem objetivos para a sua vida ou espera acontecer?

Já se perguntou o que fará no próximo ano ou quando terminar a faculdade? Esse tipo de questionamento mostra o quanto estamos despercebidos em relação aos nossos planejamentos de vida. Alguns ainda dizem que o amanhã não nos pertence. E se pertencer, o que fará? Vivemos um tempo em que nos dedicamos ao ter e nos esquecemos de ser.

Quem sou eu e o que pretendo em meio a tantas correrias em busca de algo que nem mesmo tentei entender o que pretendo buscar? É o que eu quero ou a necessidade de engajar em uma sociedade moderna que vale mais ter do que ser? Cuide desses questionamentos, reflita sobre a sua vida sempre buscando quem você é realmente, não perca suas origens para se adaptar a alguém ou a um grupo qualquer. Busque olhar para o passado a fim de superar algo que causou bloqueio em quem você se tornou hoje. Cative bons momentos deixando marcas positivas para quem trilhar as suas pegadas.

É gratificante quando se vive em prol de um bem comum, mas se coloque como prioridade, não para que o outro siga seus reflexos, não precisamos de imitação, mas de exemplos. E família é isso. A família é constituída de pegadas para guiar os novos na busca de suas origens, resgatando forças quando não mais as encontram. Viva o seu melhor a cada instante, não é necessário pensar quem vai passar pelo caminho que trilhou. Faça o seu melhor.

São os detalhes que tornam nossos momentos alegres ou tristes. Elogie o outro sempre que sentir necessidade, independentemente da forma que será retribuído, a busca pela recompensa das nossas ações nos paralisa. Querer sempre a retribuição de tudo que se faz não nos deixa seguir. A caminhada será desgastante e cheia de frustrações. A gentileza não é dom e sim prática, por isso seja gentil.

Na minha trajetória, sempre me deparo com situações de julgamentos. É mais fácil encontrar culpados que perceber que a mudança não depende do outro e sim que está dentro do próprio *eu*, criando circunstâncias complexas para tentar se esconder. Se pedirem para apontar seus pontos positivos, ainda terá dificuldade de encontrar, pois muitas vezes observamos mais o outro que a nós mesmos.

Seja você sempre, observe o que adquiriu ao longo da caminhada que lhe pertence ou que apenas conquistou e permaneceu para saciar desejos alheios. Resgate da sua essência o seu melhor e será capaz de contagiar a todos ao seu redor, busque seus objetivos, trace metas, guie seus pensamentos e sentimentos por mais loucos que pareçam.

Referências

CURY, A. *Nunca desista dos seus sonhos*. Rio de Janeiro: Sextante, 2015.

MELO, Pe. F. *Por onde for o teu passo, que lá esteja o teu coração*. São Paulo: Planeta, 2019.

13

FÉ, AMOR E PERSISTÊNCIA: A TRÍADE DO MEU SUCESSO

Convido você para conhecer o poder dessas três palavras em nossas vidas. Caso ainda tenha dúvida, viaje comigo por estas páginas e entenda como me levaram de uma vida doente e medíocre para uma vida de superação e realização.

DRI SABINO

Dri Sabino

Master coach criacional, avançado, carreira, liderança e executivos – Instituto Geronimo Theml de Desenvolvimento Humano. Treinadora comportamental e head trainer – Instituto de Formação para Treinadores – Professor Massaru Ogata. Inteligencia Emocional – CIS – Paulo Vieira. PNL com Psicodrama – Instituto Compratica. Analista de Perfil Comportamental – Solides e IBC. Congresso Brasileiro de Recursos Humanos - Congresso Brasileiro de Liderança - Congresso Brasileiro de Vendas - Empretec - Sebrae - Palestrante - Instituições Religiosas - Palestrante - Sebrae - Palestrante - ETEC Avaré - Graduada Ciências Contábeis - Técnica em Administração de empresas – ETEC - Especialista em Transição de Carreira com Atendimentos individuais, grupos ou empresas.

Contatos
contato@drisabino.com.br
instagram: @drisabino_
14 99121 6778

Nasci em uma cidade do interior de São Paulo, Avaré. Filha de José Carlos Costa e Vanda Maria de Lima Costa. Meus avós paternos e maternos eram trabalhadores rurais e meus pais quase não estudaram, pois, desde muito novos, trabalharam na roça. Até seis anos, fui criada na fazenda. Também ia para a roça com eles, ficava sentada ou dormindo em um caixote de madeira debaixo dos pés de cafés. Aos 5 anos, já sabia ler, escrever e fazer contas. Decorei histórias de um gibi que meu pai lia para mim, comecei a perceber as palavras, repassava em um caderno e estudava.

Quando mudamos para a cidade, fomos morar em uma casa com dois cômodos de tijolos e massa, chão de concreto. Não tínhamos energia elétrica nem janelas, usávamos velas, plásticos pretos nas janelas e bacia para banho. Assistia à TV na vizinha. Assim, começou a minha jornada de espiritualidade e fé.

Nasci em família cristã, mas dentro da minha casa não tínhamos vivência em nenhuma igreja; na vizinhança, me conectei com a Dona Mercedes. Como ela morava sozinha e tinha dificuldade de visão, quis ajudá-la. Por isso, todos os domingos, eu a acompanhava até a igreja e a levava até a sua casa.

Meus pais decidiram seguir a religião dos meus avós, porém já tinha anos que seguia a minha e foi uma situação embaraçosa por alguns anos. Penso que esta foi a primeira vez que precisei usar minha consistência, pois segui firme no que acreditava.

Comecei minha vida profissional aos 12 anos, porque queria ter renda. Fui manicure, faxineira, costureira; enfim, qualquer atividade que pudesse me render para pagar meus estudos. Aos 19 anos, vivenciei uma fase conturbada, deixei tudo de lado, fiquei desempregada e tive um tumor, o qual se alojou no músculo ocular. Muito rápido senti falta de Deus e me conectei novamente com a religião.

Foi assim que conheci um anjo chamado Edimilson, que, depois, se tornou meu marido Eddie. Estava me recuperando, buscando novo emprego, com um namorado incrível. Dentro da minha casa podíamos vivenciar a nossa fé, mesmo com religiões diferentes.

Uma multinacional abriria seu escritório central aqui. Eu passava em frente à construção e dizia: "bom dia, futuro emprego!" Consegui uma vaga de telefonista nessa multinacional. Sabia que iria mais longe. Lá tive o melhor líder, Claudecir. Ele sempre me mostrou a importância de cuidar das pessoas. Depois dessa multinacional, fui para uma empresa de tecnologia e comecei a liderar equipes. Para não ficar em débito de horas com a empresa, comecei a não tirar férias para estudar.

Um dia meu esposo me chamou para ver um vídeo que não gostei muito no momento. A pessoa falava rápido, pulava, mas assisti ao vídeo até o fim. Meu amigo e professor de inglês, Ricieri, me deu um livro de presente dizendo que somaria à minha carreira naquele momento: *Produtividade para quem quer tempo*, de Geronimo Theml, a mesma pessoa do vídeo que o Eddie havia me mostrado.

Em novembro de 2017, aconteceu o maior desafio da minha vida: sair sozinha de Avaré e ir para São Paulo participar de um evento do Geronimo Theml. Nunca havia estado sozinha antes em São Paulo, como conseguiria chegar ao local do evento? Tomei o metrô para o lado errado, percebi o erro, desci e me movimentei para o lado certo. Na mochila, o livro. Se o evento era do autor, nada mal conseguir um autógrafo dele.

No primeiro dia, entendi que precisaria olhar mais para mim. No segundo, teria um *tour* pelos bastidores do evento. Levei meu livro para ser autografado. Em um telão, percebi que faltava pouco tempo para o início. Sugeri a ele que ficasse com o livro, pois alguém da equipe havia guardado minha mochila e, ao final do evento, pegaria o livro também. Tiramos uma foto juntos e seguimos.

Em São Paulo, deixei muitas coisas que naquele momento não faziam mais sentido carregar e voltei para casa me sentindo completamente leve. Saí daquele evento com metas, sem saber nem *como* ou *quando*, mas sabia que eram maiores do que imaginava e que tudo aquilo que tinha colocado no meu mapa da clareza seria possível conseguir.

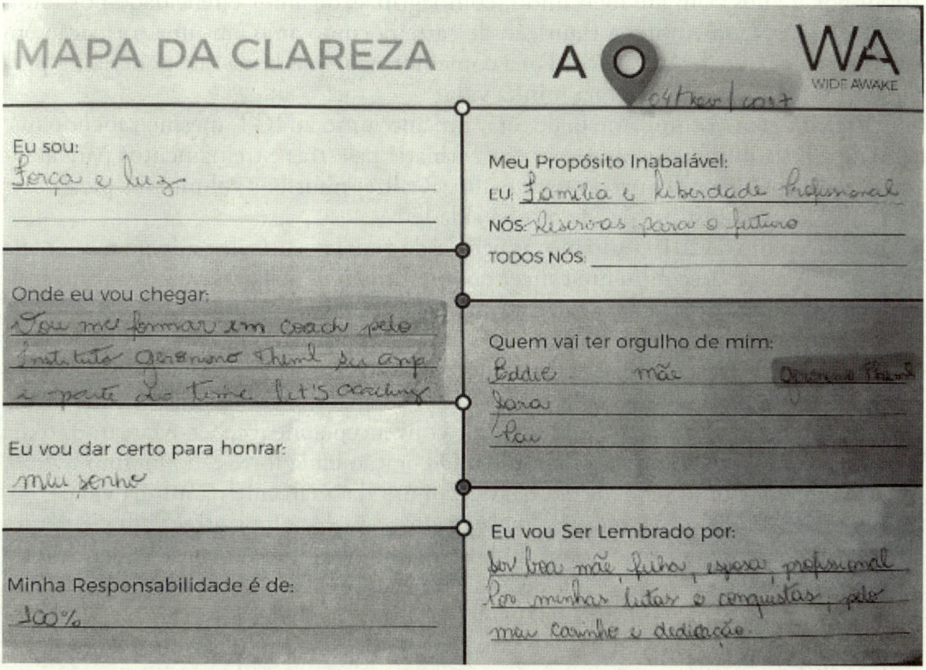
MAPA DA CLAREZA
A O
WA
WIDE AWAKE
Eu sou:
Força e luz
Meu Propósito Inabalável:
EU: Família e liberdade profissional
NÓS: Reservas para o futuro
TODOS NÓS:
Onde eu vou chegar:
Vou me formar em coach pelo Instituto Geronimo Theml ser anjo e parte do time let's coaching
Quem vai ter orgulho de mim:
Eddie mãe
Sara
Eu vou dar certo para honrar:
meu sonho
Eu vou Ser Lembrado por:
ser boa mãe, filha, esposa, profissional
por minhas lutas e conquistas, pelo
meu carinho e dedicação
Minha Responsabilidade é de:
100%

Meu primeiro passo para iniciar a minha jornada foi ter uma *coach*: Alessandra Yoshida. Como ação do processo, busquei por *coaches*, contar minha história e meus medos, trouxe duas pessoas maravilhosas que se eternizaram na minha vida: Flávia Kobal e Dani Teixeira, que me apoiam e me ajudam até hoje, parceiras de jornada, mentoras e amigas.

Comecei a jornada para ser *coach* e fiz um adiantamento com a empresa que eu trabalhava. Tão logo tive minha primeira cliente pagante, fechei o primeiro processo pago. Foi incrível, também treinava minha equipe em grupo. Em junho de 2018, fui anjo no *Profissão Coach* e aumentei a meta: estar no palco do evento contando a minha história.

Um dia, me preparando para almoçar na empresa onde trabalhava há 8 anos, descobri que teria uma reunião para contratar um *coach*. Como assim? Eles ajudaram a pagar minha formação, eu já tinha gerado muito resultado e eles contratariam um *coach*?

Saí brava, peguei meu *notebook*, selecionei algumas empresas, disparei um *e-mail* falando de como poderia ajudar as equipes. Consegui uma empresa para atender como *coach* e me especializei em Carreira e *Executive,* em outubro de 2018.

Em dezembro de 2018, consegui levar minha mãe e minha filha para Guarapari. Essa viagem, além de me encher de conhecimento em uma nova formação, me encheu de orgulho. Entendi que o caminho que estava percorrendo me permitia estar próxima das pessoas.

Em fevereiro de 2019, foi o momento de me despedir de uma empresa que contribuí por 9 anos. Um até logo lindo, com lágrimas de amor e felicidade por todos os envolvidos. Comemorei a transição de carreira como anjo em uma formação em *coaching* na cidade de Atibaia/SP. Foi a comemoração mais linda que poderia ter para aquele momento tão incrível na minha vida.

Com coragem, assumi a meta de estar um ano junto ao IGT, mesmo sabendo que teria desafios e julgamentos. Desenhei e formatei palestras e treinamentos para atender diversos públicos dentro do meu nicho. Realizei trabalhos voluntários para obter arrecadações para instituições da minha cidade.

Em novembro de 2019, Adriano, amigo desde a adolescência, nascido no mesmo dia que eu, 3 de abril, descobriu um câncer no intestino. Nós que passávamos os aniversários sempre juntos de repente nos distanciamos. Não por mim, mas por ele. Assim que começou o tratamento, preferiu ficar mais sozinho junto à família. Respeitei a decisão.

Contudo, sentia saudade e queria estar perto. Encontrei a irmã dele no mercado, me atualizei sobre a saúde do meu amigo e falei do quando sentia falta, mas que seguia com as minhas orações para ajudá-lo. Ela o convenceu a me receber. Marcamos o dia e eu fui até a casa dele com a minha filha. O coração batia forte e, ao mesmo tempo, eu tinha medo. Como será que ele estava? Foi um dia marcante na minha vida.

Ele estava lindo como sempre, mais magro, aqueles olhos arregalados e verdes brilhavam da mesma forma. Como foi bom conversar com ele, abraçá-lo, sentir todo carinho que havia entre nós. Ele decidiu me acompanhar até o portão. Eu iria na próxima semana para São Paulo, mas voltaria depois para vê-lo.

Com um sorriso no rosto, ele esperou uma distração da minha filha e disse: "Dri, está tão difícil. Se eu desistir, você fica brava comigo?" Eu não sabia o que dizer, apenas lembrei-me da frase que sempre dissemos um ao outro: "Dri, nunca terá fim!" Ele sorriu novamente, parecia que aqueles olhos estavam ainda mais verdes ao reflexo do sol que batia naquela tarde. Então, me abraçou e disse: "Tem sim, Dri. Lutar às vezes dói. Eu tenho sido forte pelo meu pai e pela minha mãe. Mas tenho uma força que nunca imaginei ter. Se um dia você pensar em desistir ou achar que está difícil, lembra de mim e tire forças de onde você não tem para conseguir o que deseja". Saí dali muito feliz em ver meu amigo-irmão, mas apreensiva mesmo sabendo que tinha muita sabedoria naquelas palavras ditas do meu coração.

Naquele final de semana, Eddie, Sara e eu fomos para a represa descansar. Sempre tive muito medo de água, mas naquele final de semana disse a eles que pularia na piscina.

No segundo dia, Sara me cobrou e disse que pularia se ela e o Eddie me esperassem, pois tinha muito medo.

Lá estavam eles e eu à beira da piscina. Depois de uma hora e meia de ensaio, nada da coragem chegar. Eles já estavam ficando com a pele enrugada e com frio, até que a Sara disse: "mamãe, imagine que seu maior sonho está aqui, no fundo dessa piscina, você só vai conseguir se você pular aqui". Respirei fundo, enxerguei a camiseta do *Let´s Coaching* no fundo da piscina e não pensei mais. Pulei. Saí e pulei de novo. Abraçada a eles, caí no choro, foi muita emoção.

Na terça-feira, ao ir para minha aula de inglês, um carro bateu na minha moto e fez um estrago no meu tornozelo. Resgate, cadeira de rodas, raio x, medicamento. Meu único pensamento era que não teria como ir para São Paulo, tinha o compromisso de seguir um ano com o IGT e não podia furar. E sabe onde estava na quinta-feira? Em São Paulo, com dor, perna e pés inchados, mas confiante. Havia pensado muito no que o Adriano tinha me falado e não seria aquela dor que me paralisaria. Eu sabia que doeria e incharia, porém, ao chegar no hotel, colocaria meus pés para cima e me renovaria para o dia seguinte.

Na mesma quinta-feira à noite, fui surpreendida com a camiseta do *Let´s Coaching*. Agora era somente mais um *check* no meu mapa da clareza.

Em fevereiro de 2020, o Dri passou a ser uma estrela lá no céu. Infelizmente não conseguimos mais nos ver. Na semana da minha visita, ele entrou em um quadro de piora e foi ao hospital. A doença só evoluiu e ele deixou de fazer parte deste plano. Foi o pior 3 de abril que eu tive. Comemorar nosso aniversário sem ele fisicamente comigo foi muito triste.

Como já estávamos em quarentena devido à pandemia do coronavírus, me prendi na coragem e força que ele me ensinou a ter, fiz um bolo, cantamos *parabéns*, Eddie, Sara, eu e, com certeza, ele. Esse *parabéns* continuou e continuará sendo para nós dois, sempre, porque nunca haverá fim. Amigos, irmãos, companheiros e confidentes, até depois do fim.

Em junho de 2020, mais um sonho: esse não estava no papel, mas falei dele aqui, que era estar no palco do *Profissão Coach*. Fiz um bloco nesse evento maravilhoso, falando para milhares de pessoas.

Já caminhando para o final, não poderia deixar de falar da minha vó Iracema, que faleceu enquanto escrevia este capítulo, ainda sem título. Me bateu uma saudade dela, fazia 15 dias apenas que ela não estava mais aqui. Lembrei o véu que ela colocava na cabeça para orar. Enviei uma mensagem para minha mãe e perguntei sobre o véu. Ainda estava pendurado na cabeceira da cama, como ela sempre deixava.

Ao olhar o véu, queria entender o que significava. *fé*: ela sempre me ensinou que Deus era o alicerce da vida; *amor*: ela sempre foi muito amorosa com todos; *persistência*: ela foi guerreira sempre, até nos seus últimos dias de vida. Como herdei essas características dela, esse seria o título do capítulo.

Contei aqui diversos momentos em que poderia ter desistido. Faltaram diversos para contar, mas sempre olhei para frente e para meus sonhos, não era pouca coisa que me paralisaria.

Sou *coach* de carreira, atuo em empresas com treinamentos de equipes ou processos de *coaching* executivo. Especialista em Recursos Humanos e liderança humanizada. Tenho uma mentoria para *coaches* em início de carreira que desejam construir e consolidar seu negócio. Como *coach* do time *Let´s Coaching*, contribuo para o instituto, iniciando processos de *coaching* com pessoas do sertão. Afinal, o bem nunca para. Tenho certeza de que poderei levar tudo isso para o mundo e fazer com que todos entendam que são causa e não consequência.

Fé, amor e persistência caminham comigo no dia a dia e me tornam forte para me mover rumo aos meus sonhos. Por isso, convido você para vivenciar o poder dessas três palavras. Não posso dizer que terei todos os meus sonhos realizados, mas posso garantir que lutarei por cada um deles. Isso é consistência.

14

CONSEGUI, LOGO PERSISTI

Aqui conto um pouco de minha trajetória e como a consistência e a persistência mudaram minha vida e a de centenas de clientes de *coaching*. Utilizando minha experiência como maratonista e todo conhecimento e prática com diversos segmentos do desenvolvimento pessoal, tais como *coaching* e PNL, desenvolvi um método que irá ajudá-lo a nunca mais desistir no meio do caminho e irá guiá-lo até a linha de chegada. Quando aprendemos a curtir o percurso da nossa vida, a mágica acontece.

ANDREI OLIVEIRA

Formado em Administração de Empresa pela Facef, MBA Marketing Fundace, *master coach* criacional pelo IGT, *practitioner* em Programação Neurolinguística (PNL) pelo Acade Centro de Excelência, Hipnose Prática e Clínica pelo Acade Centro de Excelência.

Andrei Oliveira

Contatos
andrei.de.oliveira01@gmail.com
Instagram: @andrei.de.oliveira
16 98113 3721

Sempre fui uma criança criada nos valores católicos e de boas práticas. Honro meus pais por isso. Sempre tive uma criação para ser o melhor aluno, a criança mais educada, o profissional que traz resultados para empresa, sempre me incentivaram a ter segurança e estabilidade no trabalho. Acredito que alguém possa se identificar comigo.

Entrei no mercado de trabalho, iniciei minha trajetória profissional como bancário, tinha sonho de ser bancário como meu pai. Saí-me muito bem e fui promovido logo no segundo mês de trabalho. Cheguei a subgerente em menos de três anos, lidava diretamente com o público, coisa que sempre gostei, relacionamento com as pessoas. Após três anos, recebi uma proposta para trabalhar numa empresa na área comercial, que se dizia muito rentável, a promessa era de salário alto. Foi então que as crenças financeiras e o respeito à minha criação bateram mais alto e aceitei a proposta.

A promessa realmente se concretizou, o salário era muito bom, acima da média do mercado local. Lógico que era necessário esforço e dedicação para cumprir metas e desafios de vendas. Sou muito grato por tudo o que conquistei, porém os anos foram passando e sentia que faltava algo. Não estava totalmente satisfeito com o que estava vivendo, mas não entendia o que faltava.

Entrava em conflito quando comentava minha insatisfação com amigos próximos ou familiares e me taxavam de louco, por não estar satisfeito trabalhando em uma ótima empresa e com um excelente salário. Até que um dia, durante uma maratona, um pensamento em relação a minha insatisfação profissional passou em minha cabeça: o que estava faltando era o relacionamento direto com as pessoas, a ajuda na solução dos problemas, das suas dores.

Para quem não sabe, maratona é uma corrida com 42 km de percurso. Para conseguir realizar essa prova, precisei de muita dedicação, muito treino e força de vontade. Considero ser dessa época a compreensão que, para conquistar qualquer objetivo, precisamos ser consistentes e persistentes e não desistir na primeira dor ou cansaço.

Durante a prova, sempre me lembrava de uma frase de Lance Armstrong: "A dor é passageira, desistir é para sempre". Nessa fase, também entendi que é necessário ganhar a batalha interna entre a dor e a vontade de terminar o trajeto. O que mais me incentivava, além da vontade de concluir todo o trajeto, era motivar as pessoas ao meu redor que queriam desistir, que estavam perdendo a batalha interna e se entregando à dor.

Aí vocês devem pensar: foi então que ele descobriu o que queria e mudou. Poderia ter sido fácil assim, mas, como diz Gerônimo Theml, se fosse fácil, todo mundo faria. Travei uma batalha interna por anos, com medo da mudança, com medo de não ser bom o suficiente, com medo do julgamento. Estava insatisfeito, mas não fazia nada para mudar, simplesmente aceitava as circunstâncias em que estava inserido e, principalmente, pelos bons resultados financeiros, entrei em uma zona de conforto. Procrastinei por vários anos de minha vida.

Até que um dia, em conversa com minha prima, disse a ela que várias pessoas me procuravam para falar de suas ideias e projetos e eu gostava muito de ouvir e ajudar de alguma forma. Ela me disse: você poderia ser *coach*. Por que não faz uma formação? Sou muito sincero em dizer que no primeiro momento fui totalmente cético quanto a isso, mas acabei ficando curioso e resolvi procurar saber mais. Fiz várias pesquisas e li alguns artigos sobre o tema e depoimentos de como o *coach* transformou a vida de diversas pessoas. Comecei a procurar algum curso ou formação a respeito de como poderia me tornar um *coach*.

Aí bateu aquela crença financeira: a maioria das formações tem custo alto, pois entrega muito resultado. Mas eu não tinha essa consciência e gerou aquela dúvida: será que vale a pena investir esse valor? Fiquei pensando sobre isso por uns três meses. Nesse tempo, vários anúncios apareciam em minha *timeline* do *Facebook* e *Instagram*. Isso acontece com vocês também?

Depois de muito brigar comigo mesmo, ganhei a batalha e resolvi pagar o preço e dar o primeiro passo na direção do meu sonho que era trabalhar diretamente com as pessoas e incentivá-las a resolver seus problemas, suas dores, o que não as estava deixando seguirem adiante.

Logo em minha primeira formação, tive certeza de que estava no caminho certo. Aproveitei bastante a formação, fiz amizades, estava no meio de pessoas que buscavam o mesmo objetivo. A minha sensação era que voltaria para minha cidade já atendendo como *coach*.

Mas a vida real não é bem assim. Voltei muito empolgado, mas logo na primeira semana veio aquele balde de água fria. Para concluir a formação, eu precisava atender cinco pessoas e enviar o relatório. Foi quando convidei alguns amigos para sessões "pro bono", contudo a aceitação foi muito pequena e, mais do que isso, vieram as críticas, as piadinhas maldosas, que acabam nos deixando para baixo.

Apesar disso, fiz algumas sessões com amigos mais próximos e consegui evoluir na direção dos meus objetivos. Mas como lhes contei no início, minha criação sempre foi para ser o melhor, e tinha a impressão de que não estava preparado para atuar.

Resolvi me aprofundar no assunto, comecei a ler, coisa que não fazia há anos, participei de alguns eventos e comprei alguns cursos *on-line*. Todavia, para ser muito honesto, não me dediquei como poderia. Sempre deixava para depois. Nessa busca por resultados, sempre iniciava algum projeto e, como demoravam a acontecer, o sentimento de não estar fazendo perfeito me desestimulava e eu acabava desistindo no meio do caminho. Foi assim com aulas de inglês, aprender tocar violão, natação e alguns outros projetos durante a minha vida.

Isso ocasionou várias reviravoltas em minha vida e não entendia o porquê. Como eu tinha bons resultados profissionais e, principalmente, a parte financeira era considerável, acabava maquiando alguns resultados ruins, principalmente na área de relacionamento. Foi depois de alguns tropeços que resolvi me aprofundar melhor no assunto e fortalecer minha mentalidade para iniciar e terminar meus projetos. E usei a mesma estratégia para concluir a maratona.

Aprendi muito sobre crenças que nos limitam a conquistar nossos objetivos e sobre como nos sabotamos. Somente depois que adquiri todo esse conhecimento, comecei a entender o motivo de não conseguir terminar meus projetos e por que ficava confuso e indeciso sobre qual direção seguir.

Acreditei tanto na metodologia que, além da terapia, iniciei processos de *coach* e, a partir daí, fiquei consciente que eu sou o responsável pelas minhas atitudes, que preciso ter autorresponsabilidade, que somente eu posso mudar a direção da minha vida.

Tenho certeza de que você deve estar pensando que estava tudo resolvido. Mas não foi bem assim. Não sei se vocês se lembram da época de escola quando os professores passavam a matéria, aí perguntávamos entre os colegas de classe onde iríamos usar isso na nossa vida. Foi essa pergunta que me fiz: aprendi toda a teoria, mas como utilizaria tudo isso? Eu até sabia o que precisa fazer, mas não conseguia colocar em prática porque queria resolver tudo de uma vez. Então, fui para o próximo passo, entender como utilizar na minha vida, no dia a dia, toda a teoria que aprendi.

Comecei a aplicar em minha vida todos os conhecimentos que adquiri e aprendi que não conseguimos mudar tudo ao mesmo tempo.

Então, vi que o primeiro passo seria definir meu objetivo e aqui vou chamá-lo de sonho de vida.

E como disse lá no início, participei de vários treinamentos presenciais e fiz vários cursos *on-line* com *coachs* de renome internacional. E foi em um desses treinamentos que defini como quero minha vida daqui a 10 anos. Aprendi que, para realizar qualquer objetivo, é necessário fatiá-lo em pequenas partes. Foi o que fiz, dividi meu sonho em pequenas partes. O primeiro passo estava pronto, tinha clareza do meu objetivo.

Agora o problema eram os medos (medo de não conseguir, medo do julgamento, medo de não ser bem remunerado e alguns outros), as dúvidas, a indecisão, aquele frio na barriga. Então, usei aquela famosa frase de um autor desconhecido: "e se der medo, vai com medo mesmo".

Como meus objetivos eram viver de *coaching* e empreender, o primeiro passo foi me assumir como *coach* e convidar novamente alguns amigos para processos "pro bono". A partir daí, começaram a surgir alguns obstáculos, eu tinha meu trabalho principal que me dedicava em período integral e faltava tempo para realizar as sessões. Isso começou a gerar aquela sensação de incapacidade, de que era muita coisa, que não conseguiria.

Como já tinha uma bagagem de teoria sobre planejamento e gestão de tempo, comecei a aplicar na prática o conhecimento na minha rotina e fui entendendo o que se encaixava ou não. Adaptei o aprendizado e inseri estratégias no decorrer do caminho, assim consegui me organizar para me dividir entre os dois trabalhos. Fui registrando todo o passo a passo.

Comecei a caminhada, organizei meus horários, convidei alguns amigos próximos. Dessa vez, a aceitação foi grande. Compreendi que esse resultado se deu pela minha mudança de postura, pois estava mais confiante, meu comportamento tinha mudado, estava muito seguro de estar oferecendo algo para mudar a vida deles. Passava essa segurança, pois o processo estava mudando minha vida, minha forma de ver o mundo. E as pessoas ao meu redor estavam presenciando a mudança.

Aprofundei-me nos estudos sobre produtividade, cuja aplicação não diz respeito somente à área profissional, mas engloba nossa vida como um todo. Para nos tornarmos produtivos, precisamos mudar nossos comportamentos, nossos hábitos, crenças e espiritualidade. Com todo esse embasamento e prática, desenvolvi um método que dei o nome de Produtividade Inteligente. O Método PI é baseado em 5 pilares: definição do objetivo, mentalidade, planejamento, energia e espiritualidade.

Aplicando o método em minha rotina de vida, em menos de um ano consegui fazer minha transição de carreira e hoje sou *coach* e empresário. Com o método, defini meu objetivo, fortaleci a minha mentalidade, me organizei e tive força para não desistir no meio do caminho. Consegui tudo isso envolto em muita energia e espiritualidade. Aprendi que, para toda conquista, o obstáculo mais difícil é ter a consistência, acordar e realizar todos os dias ações que levarão à linha de chegada.

Quando entendemos que as repetições diárias nos fortalecem e nos dão energia e consistência para conquistar o que queremos em nossa vida e não nos aprisionam, almejamos qualquer coisa. Quando estamos comprometidos com o processo e não somente com o objetivo final, alcançamos nossos objetivos. Precisamos aprender a curtir o percurso. Isso que ensino em meu método, desenvolvido com base nas técnicas de *coaching*, PNL e inteligência emocional.

O *coaching* transformou a minha vida, por isso que desejo levar essa metodologia ao maior número de pessoas que conseguir, para que possam ter os resultados que buscam para suas vidas. Acredito que sou porque nós somos.

15

O PODER DA IMAGINAÇÃO NO AVANÇO DA EVOLUÇÃO RUMO AOS SEUS OBJETIVOS

Imagine agora o lugar que você gostaria de estar ou imagine que realizou seu maior sonho. Ao longo do processo evolutivo, o ser humano pode contar com uma de suas maiores potencialidades, capaz de transformar, ressignificar fatos e situações que vão surgindo ao longo de sua trajetória rumo aos seus objetivos. Essa potencialidade chama-se imaginação, uma habilidade intrínseca ao ser humano.

JOSÉ RINALDINI

José Rinaldini

Formado em Administração de Empresas pela Universidade de Sorocaba (2007), com MBA em Negócios e Finanças pela Universidade Nove de Julho. *Life coach* formado pela Line Coach, *business* e executivo *coach* formado pela Line Coach. Melhores Práticas em Hipnose pela Hi Brain Institute e Hipnose Institute. Hipnose não verbal pela Hi Brain Institute e Hipnose Institute. Apaixonado pelo desenvolvimento humano comportamental.

Contatos
jose.rinaldini@hotmail.com
YouTube: youtube.com/jose.rinaldini
Facebook: facebook.com/somosreflexos
Facebook: facebook.com/jose.rinaldini
Instagram: @jose.rinaldini

> *Em algum lugar dentro de você (talvez na célula do seu cérebro) repousa, adormecida, a semente da realização que, se estimulada e ativada, é capaz de levá-lo às alturas inimagináveis.*
> Napoleon Hill

Imagine como seria se nesse exato momento pudesse estar no exato local em que deseja ou atingindo a meta que estipulou como desafio para si. Qual seria a sensação? Qual seria a emoção que estaria à tona? Qual seria o sentimento que estaria aflorando? O princípio de atingir um objetivo, alcançar uma meta é ter a plena certeza de que é capaz. Mais do que isso, é preciso projetar-se e enxergar-se com o objetivo alcançado. É ver-se sem antes mesmo tornar-se. No entanto, existe uma trajetória que é preciso seguir desde o ponto de partida até o ponto final.

A trajetória é tão importante quanto o destino. Muitas vezes destinamos nossa energia e nosso pensamento apenas no resultado, porém o resultado é uma construção de diversos fatores, experiências, lutas, superações, altos e baixos que vão preenchendo toda a trajetória até alcançar o objetivo.

Certo homem, em uma jornada pela selva, seguia sozinho enfrentando todos os desafios que encontrava na sua trajetória, sempre com muita garra. Ele acreditava ter planejado todo seu percurso, pensou em tudo que precisaria e que seria primordial para sua travessia à espera de que, ao final de sua jornada, fosse reconhecido pela sua coragem, bravura e entusiasmo. Porém, a selva é cheia de desafios e imprevistos. Seguia muito bem seu trajeto quando se deparou com um rio, imenso, profundo e cheio de piranhas. Bastaria uma pequena gota de sangue para que o atacassem. Nosso bravo aventureiro pensou: nadar nesse rio seria uma loucura. Então, resolveu construir um barco. Retirou de sua bolsa algumas ferramentas, buscou a melhor e mais resistente árvore e iniciou a construção do barco que o levaria até a outra margem do rio. Lançou seu barco no rio e atravessou de forma segura.

Ao final do trajeto, amarrou o barco em uma corda e passou a puxá-lo pela selva, pois pensou que poderia encontrar outro rio e precisaria novamente dele. Como o barco pesava muito, sentia-se cada vez mais cansado. No meio do caminho, encontrou um destemido guerreiro acostumado a superar as mais temidas selvas. O guerreiro perguntou qual o motivo de um aventureiro trazer um barco para a selva. Ele respondeu: não o trouxe, eu construí para atravessar o rio. E por que não o descartou? - Perguntou o destemido guerreiro, parecendo muito feliz e descansado, já que trazia uma pequena bagagem. Ele respondeu: posso precisar dele algum momento. O destemido guerreiro respondeu: a selva pode ser cheia de surpresa, porém, se a cada desafio que você enfrentar, levar consigo um objeto que construiu, levará mais tempo na trajetória do que vivendo seu objetivo final. E ainda acrescentou: se você está no controle de sua vida, é preciso saber descartar o que não serve e dar a possibilidade do novo. O homem tem capacidades inimagináveis e ficar preso ao óbvio é como tirar do ser humano sua maior liberdade: a imaginação.

Às vezes deixamos em nossa bagagem coisas que não vão nos servir mais, nos prendendo a crenças que nos limitam e nos privam de evoluir, de reinventar e superar nossas limitações, ofuscando nossos maiores potenciais.

Durante a trajetória de nossa existência, precisamos entender que somos seres em evolução e que a cada momento somos convidados para olhar a vida por outra perspectiva, reinventando o que estamos acostumados a olhar e nos abrindo para o extraordinário desconhecido. Nessa trajetória em busca de sair da tão falada zona de conforto, é preciso ter coragem de abrir a bagagem e ver o que não serve mais e que apenas serve para dar peso ou para ocupar espaços os quais achamos que precisam ser preenchidos.

Essa foi a minha experiência ao entender que minha bagagem podia ser mais leve e livre de "coisas inúteis. Foi quando descobri que minha bagagem se chama mente, na qual acumulei crenças, limitações, maneiras de pensar que não me levam a lugar algum, mais que me deixavam perdido nessa selva, sufocando o que era mais importante: autoconfiança, autoestima e a capacidade de acreditar que sou eu que determino o ritmo da minha evolução; atingir meus objetivos exige disciplina, dedicação e renúncia.

Pela prática, descobri que tenho mais forças que fraquezas. Se as fraquezas existem, são para estimular minha evolução em busca da vida plena e feliz. São pedras que aos poucos vão deixando de pesar a bagagem para que a trajetória seja mais eficiente e eficaz.

Ao longo de nossa existência, vamos acumulando experiências, criando sonhos, desejos, objetivos, metas, projetando conquistá-los. Acumulamos também alguns fracassos que, por menores que sejam, provocam nossas emoções e mexem com nosso ego, podendo levar-nos a um estado de paralisia da mente, ou seja, um estado de insegurança, misturado ao medo e a outros sentimentos, gerando um estado enfraquecido. Esse estado pode ser superado quando se entende e descobre, pela prática da reconstrução da sua imagem mental e pelo uso correto da imaginação, que é possível dar novo sentido ao estado atual. É como se regasse um jardim para que as ervas daninhas crescessem, deixando as belas e lindas flores sufocadas por elas e por esses sentimentos, medos, inseguranças. Mas na reconstrução desse jardim pela mente criativa, ele fica cada vez mais lindo e livre das ervas daninhas.

Quando existem sonhos dentro do coração humano, é preciso entender que se ali estão é porque são para ser conquistados e os desafios surgem para serem superados. Ter uma visão de futuro é o princípio do sucesso, mas o sucesso não está no princípio, está depois da trajetória. Existe aqui um grande segredo que pode mudar sua trajetória e levar a manter-se mais engajado para a reta final, um segredo que pode despertar em você uma força, uma energia e um desejo cada vez mais forte de seguir adiante.

Vamos recordar nosso aventureiro da selva. Ele fez todo um planejamento para sua aventura, mas não pensou que deixar a bagagem leve daria a ele mais velocidade em sua trajetória. Foi acumulando o que foi encontrando no caminho, inclusive o pesado barco que construiu. Todavia, orientado pelo destemido guerreiro, aprendeu que algumas coisas precisam ser abandonadas para dar lugar ao novo.

Mas qual é esse segredo? O que existe por trás da cortina do processo de evolução do ser humano que seja tão complexo e tão oculto a ponto de não termos acesso? O que seria esse dispositivo capaz de transformar vidas e aproximá-las dos seus ideais? Essa ferramenta chama-se imaginação.

O uso da imaginação é o conceito mais biológico que existe. Está na capacidade humana, intrínseca ao instinto. É infinita se assim desejar, mais finita se também assim o ser humano quiser.

O ser humano já nasce com essa capacidade. É uma ferramenta, uma força, um mover de fé, uma energia, uma consciência, uma decisão. A imaginação é o que determina o que podemos ser, o que queremos ser e aonde queremos chegar. É um vasto potencial, sem custo algum, que não exige força física nem tão pouco conhecimento específico. Saber usá-la, isso precisa de inteligência.

Durante nosso caminho em busca de nossas maiores conquistas que podem ser as mais variadas de todas, esquecemos que usar essa potencialidade humana poderá nos permitir experimentar até mesmo os sentimentos e emoções que surgirão quando os olhos físicos contemplarem o objetivo alcançado.

É pelo poder da imaginação que o ser humano se permite ver ou viver uma situação ainda não real. Talvez até esse momento você não tenha se dado conta de que passa grande parte de seu dia usando a sua imaginação nas diversas esferas da sua vida, financeira, amorosa, profissional, emocional, familiar, entre outras. Mas por que não usar de forma consciente, criando o cenário o qual deseja, dando vida, sentimento, sabor, perfume e realidade para aquilo que quer? Mesmo que esteja condicionado ao uso inadequado de sua imaginação e que tenha dificuldade em usá-la a seu favor, permita-se viver a experiência.

A imaginação é como um ensaio mental e você pode tocar o infinito e experimentar o físico da forma mais ilimitada que desejar. É como ter asas que levam a atingir voos altíssimos.

Como usar a imaginação da forma adequada

Se estivesse em quarto escuro e tentasse ver os detalhes ao seu redor, não seria possível até que a luz fosse acesa. Vamos agora dar luz para sua poderosa imaginação. Para isso é preciso seguir três poderosos passos:

- conhecimento;
- prática;
- domínio.

É como se imaginasse a seguinte cena: você pega um limão, descasca e experimenta. Talvez você tenha até sentindo o gosto ácido na sua boca. Imagine agora comendo aquele doce ou aquele prato de que mais gosta. Pode ser que sua boca venha até a salivar. Mas a pergunta é: como assim, se foi apenas imaginação?

Essa experiência demonstra que existe grande capacidade em nossa mente de criar e recriar situações e até mesmo provocar em nosso corpo sensações apenas com o uso da imaginação.

Digamos que existe um abismo ou uma ponte entre o conhecer e o praticar. Esse abismo é extinto quando se toma a iniciativa da prática. E a prática se torna um hábito quando existe perseverança, frequência e ação. Somente assim verá resultados.

Quando damos a permissão de criarmos um cenário para nossa vida, conectados com sucesso, prosperidade, alegria, felicidade, resultados, conquistas, propósitos, segurança, confiança e autoestima, passamos a enfraquecer cenários contrários a esses. Abandonamos itens desnecessários para nossa bagagem, deixamos os hábitos que não servirão mais do outro lado da selva, descartamos o barco pesado que arrastamos. Passamos a ver nosso horizonte com uma nova lente, com amplitude. Conectamos com o melhor que existe dentro de nós e permitimos ser o que somos em nossa essência. Mergulhamos em nossas potencialidades e entendemos que avançar é uma decisão, uma escolha, e abandonar o que não serve mais faz parte desse processo de desenvolvimento e evolução.

Agora que já sabe o quanto pode mudar o seu destino usando essa habilidade intrínseca do ser humano, quero convidá-lo para praticar, pois somente pela prática será possível aprofundar em suas habilidades de forma consciente. Da mesma forma que um esportista nunca poderá alcançar o pódio se ficar apenas nas leituras e teorias, assim também acontece quando não praticamos o uso adequado dessa ferramenta ou habilidade.

Experimente esse ensaio mental, que se compara a derramar gasolina na faísca, gerando fogo que é capaz de se alastrar. Lance e confie na sua imaginação para transformar sua vida e conquistar seus sonhos.

Como realizar a prática imaginativa ou o ensaio mental

Siga os passos descritos neste manual prático de ensaio mental, colocando dedicação e compromisso. Assim poderá atingir os resultados esperados e superar-se cada vez que praticar.

- Selecione o objetivo que está em busca de alcançar.
- Descreva todos os detalhes do seu objetivo como: cores, perfume, texturas e gosto. Busque os mais simples dos detalhes, imaginando-se com seu objetivo alcançado. Deixe sua mente fluir como desejar.
- Identifique o local onde será alcançado seu objetivo. Por exemplo, se o seu objetivo é conhecer um país, imagine e identifique os pontos turísticos na maior quantidade de detalhes que sua mente é capaz de criar.
- Reconheça, durante o processo de imaginação, quais as emoções que vêm à tona. Anote todas e valide cada uma delas.
- Observe os sentimentos que surgem ao pensar que seu objetivo foi alcançado e identifique as sensações físicas como calor, frio ou mesmo as batidas do coração.
- Imagine, durante o ensaio mental, as pessoas que estarão com você, as características dessas pessoas, converse com elas, abrace-as mentalmente, esteja ao lado delas.
- Torne esse momento mais real possível.

Dê vida à sua imaginação. Dê realismo para esse processo transformador que é capaz de gerar novo vigor para sua mente e sua trajetória. A prática constante desse exercício estimulará sua mente a criar meios de atingir seu objetivo e estará mais atento quando uma oportunidade surgir.

O uso correto da imaginação eleva o entusiasmo e a disposição para alcançar qualquer objetivo. Para isso, pratique frequentemente. Experimente o poder imaginativo em todas as áreas de sua vida e descobrirá um manancial dentro de você que impulsionará a estar cada vez mais próximo do que pretende alcançar.

A prática do ensaio mental elevará a autoconfiança e consolidará o que sua imaginação foi capaz de criar, despertando cada vez mais o desejo. O desejo é como brasa que incendiará quando a gasolina da imaginação for adicionada ao desenvolvimento.

Lembre-se de que um dia surgiu um objetivo e decidiu atingir. Você entendeu que era importante e está indo em direção a ele. O processo de imaginação dará vida e descobrirá que possui uma das mais belas habilidades que o irá ajudá-lo a abrir portas para atingir objetivos e alcançar resultados.

Podemos ser o que quisermos em nossa mente. O ensaio mental irá nos abrir ao conhecimento do que é possível e irá nos levar a avaliar se o resultado no objetivo está somente no final ou pode usufruir de cada passo da trajetória.

Referência

HILL, Napoleon. *Quem pensa, enriquece*. São Paulo: Fundamento, 2009.

16

NEM PROCRASTINAÇÃO NEM PREGUIÇA — O QUE REALMENTE O IMPEDE DE TER CONSTÂNCIA NAS AÇÕES?

Por que algumas pessoas se sentem mais realizadas e felizes do que outras? Por que nem sempre a clareza, o passo a passo, o alinhamento e o senso de propósito são suficientes para nos levar a agir e manter a constância até conseguir atingir o resultado esperado? O que está por trás da "morte" de tantos sonhos e projetos? A resposta para isso é o tema deste capítulo: padrões sabotadores.

PATRÍCIA MELLO

Patrícia Mello

Sou fascinada pelo saber e pelo autoconhecimento. Sou guiada pelos valores de liberdade, contribuição, justiça, excelência e diversão. Luto contra tudo o que me limita, principalmente internamente. Minhas principais forças são amor e gratidão. Meu objetivo maior é empoderar mulheres e fazê-las enxergar o quão brilhantes são. Atuo como palestrante, *coach* de carreira e mentora de conteúdo e de negócios digitais. Assim, consigo unir meu lastro como professora, administradora, *coach* e especialista em autossabotagem para gerar maior impacto no mundo. E, por falar nisso, minhas certificações principais são: Especialista em Sabotadores (PQ *Coach Program – Positive Intelligence*), *Master Coach* Criacional (*Coaching* de Vida e Carreira) e Analista Comportamental (IGT *International Coaching*), participante do *Life Mastery* e *Business Mastery* (Tony Robbins *Research International*), Administradora (Estácio de Sá), Mestre em História Social (PPGHIS – UFRJ), Bacharel e Licenciada em História (UFRJ).

Contatos
www.patriciamello.com.br
contato@patriciamello.com.br
Instagram: @patriciamellooficial
LinkedIn: www.linkedin.com/in/patriciamellooficial

Você já passou pela experiência de ter um sonho ou um objetivo que, embora fizesse seu coração bater mais forte, ao entrar em ação, acabou ficando paralisado pelo medo? Ao invés de seguir com garra e determinação, como imaginou que seria quando esse desejo surgiu, na verdade você começou a pensar: e se eu fizer tudo isso e, no final, der errado? Ou talvez tenha pensado: o que os outros vão dizer se eu levar essa decisão adiante? E assim, as primeiras travas e dúvidas começaram a surgir até que, de repente, a motivação foi diminuindo e o sonho foi ficando de lado?

Pode ser que esses não tenham sido os seus pensamentos originais. Talvez você tenha começado a ouvir uma voz dentro da sua cabeça dizendo que não era bom o suficiente ou que faltavam recursos (internos ou externos). Quem sabe tenha olhado para o cenário econômico e decidido adiar o projeto de empreender ou de mudar de carreira, afinal, é melhor não trocar o certo pelo incerto, não é o que dizem? Naquele momento, parecia que o mais sensato, segundo o instinto de autopreservação, era desistir de tudo. Ainda que, depois, gerasse frustração, culpa e arrependimento.

Esses pensamentos são bastante comuns. Mais do que imagina! E impactam negativamente sua tomada de ação e constância. No meu dia a dia como *coach* e mentora, deparo-me com esses e com outros pensamentos e comportamentos autossabotadores, seja nos atendimentos ou quando estou executando meus projetos.

Vou confessar algo que talvez faça sentido para você. Ao longo da minha adolescência e início da minha fase adulta, eu me sabotei demais. Parecia que era só estar tudo bem para que eu fosse lá e apertasse um botão que estragava tudo. Quando passei a investir no meu autoconhecimento, constatei algo que já suspeitava. A minha autoestima era baixa e, no fundo, acreditava que era incapaz de ser uma pessoa realizadora ou constante e que não merecia nem felicidade nem sucesso. Porém, mesmo tratando disso com diferentes metodologias, ainda continuava a me sabotar. Não de formas graves como antes, mas em pequenas ações cotidianas. Eu ainda não estava agindo em alta *performance* e continuava me cobrando demais. Isso acontecia mesmo depois de ter me tornado *coach*. Fiquei inconformada e fui atrás de respostas. E, no limite que estas páginas comportam, quero compartilhar com você o que descobri sobre a autossabotagem, pois ela é a grande destruidora de sonhos.

Afinal, o que é autossabotagem e como identificá-la?

Uma definição simples da autossabotagem é: você sabe o que precisa fazer, sabe o que precisa deixar de fazer, mas, por alguma razão, não age. E quem nunca ficou travado mesmo tendo clareza dos passos a seguir, que atire a primeira pedra. Só que essa "alguma razão", na verdade, são 10 razões.

Temos ativados na nossa mente 10 padrões de pensamentos sabotadores. Alguns deles, conseguimos notar com maior frequência no nosso dia a dia, outros acabam sendo um ponto cego ou só atrapalhando nosso desempenho em questões bem pontuais. Por isso, a grande questão não é se você se sabota ou não, mas o quanto e como se sabota.

Em algumas pessoas, a autossabotagem é percebida pela vontade de controlar demais os resultados e, por conta disso, centralizar tudo. Em outros, é um agir com excesso de racionalidade e eliminar tudo o que não tem sentido ou lógica, ou seja, eliminar as emoções e a intuição.

Há quem se sabote perdendo tempo demais buscando uma perfeição que jamais será atingida, adiando planos, deixando de agir e se tornando muito sensível a críticas. Algumas vezes, a autossabotagem faz a pessoa enxergar somente cenários negativos, ficar ansiosa e deixar de agir por conta do pessimismo e do medo de dar errado.

Por outro lado, há quem busque realizar demais como se o propósito da vida fosse atingir metas e resultados ou como se o valor pessoal estivesse atrelado a isso. Há também quem esteja toda hora mudando os planos por ter encontrado algo mais excitante e promissor. O que revela uma inquietude, uma busca eterna por saber o que está por vir e uma incapacidade de ficar com o que se tem no presente.

Em outras, pode vir mais forte o pensamento de que tudo só dá errado com ela, que não tem os recursos que os outros têm ou que não vai conseguir sozinha.

E, no polo oposto, podemos encontrar também pessoas com forte predisposição a largar tudo para ajudar a quem precisa. Pessoas que, facilmente, colocam as suas necessidades em segundo plano, já que acreditam que o mundo seria um lugar melhor se todos fossem altruístas.

E quem nunca se pegou procrastinando uma tarefa que era entediante ou complexa demais? Quem nunca evitou aquela conversa desconfortável? Pois esse também é um clássico padrão sabotador.

Talvez você tenha se identificado com um conjunto específico de padrões. Talvez tenha se visto em todos. Mas se não conseguiu perceber nenhum deles presentes no seu dia a dia, tenho certeza de que já se pegou no padrão da crítica. Sim, criticando a si mesmo, os outros e/ou criticando as circunstâncias da vida e os resultados obtidos.

Com isso, se pegou sendo intolerante com erros e exigindo demais de si mesmo e dos outros. Afinal, se não houver crítica e punição, como vamos aprender, não é mesmo? Esse pensamento é comum numa sociedade que acredita que a crítica é o mesmo que a capacidade de emitir opinião. Porém, não é. A crítica, principalmente a falácia da crítica construtiva, é a forma mais cruel e ineficaz de ensinar alguém.

Por que isso acontece?

Segundo Shirzad Chamine, meu mentor nesse assunto, os padrões de autossabotagem surgem na nossa infância como um mecanismo de sobrevivência. Independentemente do contexto de vida que a criança teve, se mais conturbado ou se mais harmonioso, em algum momento ela experimentou medo, vergonha, desaprovação, se sentiu desprotegida e pensou que o amor incondicional não estava disponível para ela. Como a criança não possui maturidade para interpretar os fatos nem tem capacidade cognitiva para criar soluções, os sabotadores surgem para a proteção, sobretudo para a proteção aos perigos emocionais.

Nesse sentido, os padrões de pensamentos sabotadores foram muito eficazes. A grande questão é que agora já não precisamos mais deles, porém eles continuam ali e se colocam como obstáculos à realização dos nossos sonhos e à plena satisfação e felicidade. Seja por falta de conhecimento, falta de autoconhecimento ou por ser um padrão mental forte e automático, os nossos pensamentos sabotadores surgem diversas vezes por dia e impactam negativamente a nossa *performance*, constância e resultados.

Sempre que experimentamos o medo, os sabotadores aparecem e assumem o comando na nossa mente. É bem verdade que os avanços tecnológicos do mundo contemporâneo nos dão maior certeza de que a vida é possível. Mesmo com fome, guerra e epidemias, não enfrentamos as incertezas que nossos ancestrais enfrentavam com relação à disponibilidade de alimentos, acesso à moradia e saneamento básico ou até mesmo com relação à cura de doenças.

No entanto, mesmo diante do aumento da expectativa de vida, ainda enfrentamos o medo da morte. E mais, enfrentamos o medo da crítica, da exposição, da rejeição, do abandono, de perder o amor e a admiração de alguém importante para nós. Enfrentamos o medo de não sermos bons o suficiente, medo do fracasso e da pobreza. Esses medos são universais, assim como a autossabotagem é.

Caminho de solução

E agora, o que eu faço com tudo isso? Imagino que esse seja o seu pensamento depois de ler estas páginas. Para se tornar uma pessoa mais realizadora e mais feliz, você precisa ser capaz de identificar os seus medos e saber quais mentiras os seus pensamentos sabotadores estão contando para você para continuarem sendo essenciais dentro da sua mente.

No seu *kit* de emergência para uma vida realizada e feliz, precisa ter autoconhecimento, auto-observação, empatia, acolhimento, criação e fortalecimento de um novo padrão mental e autodomínio.

Autodomínio para virar a chave e recuperar o comando da sua mente quando os sabotadores tomarem conta e começarem a distorcer a verdade sobre você e sobre o que realmente importa na vida. Sem essa habilidade, o seu avanço para neutralizar a autossabotagem será baixo. Se quiser ganhar essa batalha interna, você precisa silenciar a voz dos pensamentos sabotadores, resistir à tentação de se criticar e se punir e dar mais espaço para a voz da sua sabedoria interior ou do seu *eu* verdadeiro. Isso não é papo de *coach* ou de terapeuta.

Henry Ford tem uma frase que diz: "se você pensa que pode ou se você pensa que não pode, de qualquer forma você está certo". E o motivo pelo qual gosto tanto dessa frase é que ela expressa o peso que os nossos pensamentos têm sobre a nossa vida. Os nossos pensamentos alimentam os nossos sentimentos e emoções. Esses, por sua vez, condicionam nossas ações e comportamentos. O que gera nossos hábitos e resultados. Não adianta querer resolver um baixo resultado, não importa em qual área seja, olhando apenas para o comportamento. É preciso olhar para a raiz que são os nossos pensamentos, sobretudo os pensamentos sabotadores.

Quando somamos isso ao *Coaching*, que é uma metodologia tão poderosa para trazer clareza de metas e objetivos, para desenhar o caminho a ser seguido e para alinhar tudo isso com a nossa essência e a nossa verdade, os resultados do processo vão para outro nível. Isso porque a identificação dos padrões de autossabotagem, a neutralização dos mesmos e o fortalecimento de um novo padrão mental mais sábio, positivo e empático, permitem aumentar seus recursos, direcionar a sua energia para o que realmente importa e ser constante. Aquele estado de *flow* que você já deve ter lido em outros livros.

Seja na minha vida pessoal, nos meus serviços e atendimentos, tornou-se inegociável trabalhar a autossabotagem. Não é que sem trabalhar a autossabotagem seja impossível atingir resultados. É que fica tão mais fácil dessa maneira que é impossível ignorar esse recurso.

Tony Robbins, meu mentor e referência mundial em *Coaching* e em Estratégia de Vida e de Negócios, diz que o ciclo do sucesso consiste em 4 pilares: crenças, potencial, ação e resultados.

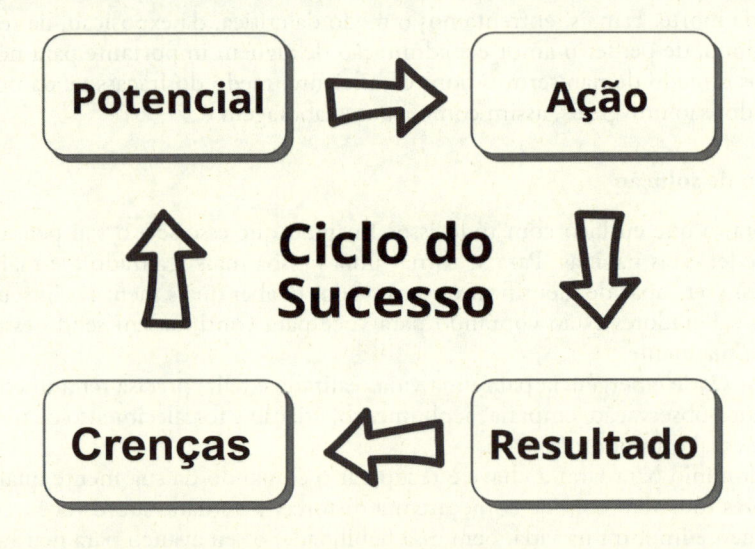

```
    Potencial  ⇨   Ação
         ⇧    Ciclo do    ⇩
              Sucesso
     Crenças  ⇦   Resultado
```

Não adianta querer ter mais resultado apenas ampliando a ação. Também não adianta querer aumentar o potencial, pois, segundo ele, já nascemos com todo o potencial disponível, precisamos aprender a acessá-lo apenas. E a maneira mais eficaz de atingir o sucesso ou de realizar nossos sonhos mais bonitos é olhando para as nossas crenças e modificando cada crença que nos limita.

E o que são crenças? São pensamentos que consideramos como verdade absoluta e que se convertem em profecias autorrealizáveis. Se não me acho capaz ou não acredito que determinada ação é eficaz, como vou agir? Que energia vou colocar? Vou acessar todo o meu potencial? Que resultados vou ter em consequência disso? Resultados que comprovam que o meu pensamento inicial estava correto, que realmente não era capaz ou realmente aquela não era a ação mais eficaz. E tudo isso está intimamente ligado com os padrões sabotadores.

Antes de finalizar essas breves páginas, que estão longe de esgotar a discussão sobre a autossabotagem, gostaria de deixar algumas perguntas de reflexão para você. Pegue uma folha, um caderno ou seu bloco de notas no celular e permita-se refletir e responder a estas perguntas.

- Quais sonhos você quer realizar?
- Quais pensamentos sabotadores estão impedindo você de realizar esses sonhos?
- Quais são os medos que o assombram quando pensa nesses sonhos?
- Quais pensamentos mais empáticos e ligados à sua sabedoria interior você poderia nutrir para substituir os pensamentos sabotadores?
- De que forma você pode se amar, se acolher e ser gentil com você mesmo diante dos seus medos e erros?

De tudo o que compartilhei aqui com você, o que espero que grave no seu coração e na sua memória é: cuide dos seus pensamentos e seja gentil e empático consigo mesmo. Dizem que o medo só vai embora com a prática e com a experiência. Complemento dizendo que o medo só vai embora com o amor.

Por isso, ame-se, ame as pessoas ao seu redor, ame a vida e os seus mistérios, ame os recomeços. Ame a aprendizagem, ame os erros, ame a criatividade, ame a exploração de si mesmo. Ame aqueles que são impactados pelo seu exemplo e pelo seu trabalho. Ame seus sonhos, ame sua visão de futuro e se permita receber amor também daqueles que o cercam e do próprio universo. Depois me conte se não se tornou mais fácil entrar em ação, ser constante, manter a motivação e o senso de propósito. Eu sei que parece algo romântico e ingênuo demais. Já pensei assim também. Você pode duvidar disso, mas duvide colocando em prática para me provar que estou errada, combinado?

Referências

CHAMINE, S. *Inteligência positiva: por que só 20% das equipes e dos indivíduos alcançam seu verdadeiro potencial e como você pode alcançar o seu*. Rio de Janeiro: Objetiva, 2013.

DWECK, C. *Mindset: a nova psicologia do sucesso*. Rio de Janeiro: Objetiva, 2017.

HOLIDAY, R. *O ego é seu inimigo*. Rio de Janeiro: Intrínseca, 2017.

ROBBINS, T. *Desperte seu gigante interior: como assumir o controle de tudo em sua vida*. Rio de Janeiro: BestSeller, 2017.

ROBBINS, T. *Passos de gigante: pequenas mudanças que fazem grande diferença*. Rio de Janeiro: BestSeller, 2017.

ROBBINS, T. *Poder sem limites: a nova ciência do poder pessoal*. Rio de Janeiro: BestSeller, 2017.

17

CONSISTÊNCIA - O SUCESSO ESTÁ AQUI

Para realizar um ciclo até atingirmos nosso objetivo final, precisamos percorrer um caminho do Ponto A, que é onde você está exatamente agora, para o Ponto B, que é onde você deseja estar. Todas as fases dessa jornada são relevantes, porém é comum que o maior índice de desistência aconteça na fase da consistência. Ter consistência é permanecer em ação direcionada e constante até chegar à verdadeira conquista.

RAQUEL DE ASSIS AFFONSO

Raquel de Assis Affonso

Coach Profissional formada pelo IGT International Coaching (Instituto Geronimo Theml). Formação em PNL (Programação Neurolinguística) - Instituto Kronos. Especialista em Comportamento Sabotador e pós-graduada em Psicologia Organizacional. Realizo atendimento presencial e *on-line*, atuando principalmente na área do *coaching* pessoal, ajudando você alavancar seus resultados, ter uma vida de alta *performance* e se conhecer profundamente, por meio de técnicas e ferramentas cientificamente comprovadas. Minha missão é ajudá-lo a ter mudanças efetivas na sua vida, caminhando sempre em direção à conquista.

Contatos
coachraquelaffonso@yahoo.com
Instagram: @raquelaffonso1
21 98117 9731

Não é a força mas a constância dos bons resultados
que conduz os homens à felicidade.
Friedrich Nietzsche

Gestando o processo

Todos têm crenças: boas e ruins. Para que essa nova ideia (relativa a seu objetivo) se torne uma crença benéfica, precisará ser repetida, ser falada e interiorizada por um tempo, até que seja internalizada – tempo de gestação.

Para que essa nova crença (benéfica) ou nossos sentimentos mudem, criando resultados, requer tempo. Assim como numa gestação, em que a criança precisa de nove meses para se formar e, durante esse tempo ocorre transformação diária. É aos poucos que a vida se forma. Assim como também, formará seus novos pensamentos, decisões, escolhas e sentimentos. Não conseguimos mudar tudo de um dia para o outro. Existe um caminho nessa jornada.

Quando entendemos melhor sobre nossas habilidades mentais, nosso merecimento, nossa autoimagem, compreendemos quem somos e o que queremos, fica mais fácil acreditar e ver na prática o objetivo se tornar realidade. Todos os nossos resultados vêm de algum lugar. A constância, disciplina e fé são coisas difíceis de termos na nossa vida. Mas precisamos ter para acreditarmos em uma coisa que ainda não é real e que você ainda não é capaz de ver. Portanto, entender o processo facilita muito.

Se não parar o processo, ele funcionará. Está funcionando desde que você começou. Mas existe um tempo de gestação para que as coisas se tornem um equivalente físico, uma realidade. Para todo pensamento que você capta ou forma, precisa que se organize em ideia. Para isso, necessita de um tempo. Então, todas as vezes que não tiver um resultado aparente e desacreditar do processo, lembra que o seu erro está em realmente não entender uma parte desse processo. Isso dificultará, e muito, você conseguir ter o resultado esperado. Se você não entender o processo, desistirá. Se não entender o tempo de gestação, parará e interromperá o processo pelo meio. É como parar uma gravidez antes do fim. Abandonando o que realmente você deseja, seus sonhos e aspirações. Fazendo isso interromperá o processo, impossibilitando qualquer chance de ver resultados concretos. Praticando a autossabotagem.

Temos dentro de nós partes boas e partes ruins. Na parte ruim dos pensamentos, temos dúvidas, preocupações e pensamentos de escassez gerando alguns sentimentos em nós que são de procrastinação, medo e de insuficiência. Esses sentimentos vão gerar ansiedade, apatia, decepção e desintegração do próprio corpo, formando uma cascata negativa. Mas nos foi dado o poder de pensar. Então, podemos focar em pensamentos de clareza, de compreensão e de abundância, que vão gerar em nós sentimentos de fé e merecimento, sentimentos que geram felicidade. Portanto, continue os processos e gerando as causas para obter os efeitos que deseja.

A autossabotagem

Ao longo da nossa vida, é comum encontrarmos diversas situações difíceis que podem ser vencidas pelo esforço. Porém, para algumas pessoas, o maior empecilho é vencer as dificuldades que elas mesmas criam. Isso pode ser autossabotagem. Muitas vezes, em vez de focarmos na solução de um problema, preferimos dizer que não somos capazes e dar inúmeras justificativas do porquê estamos fracassando.

"Eu sou muito novo, eu sou muito velho, eu não tenho dinheiro, eu moro longe, eu sou gordo, eu sou magro demais" e por aí vai. Já ouvi isso diversas vezes nas sessões com os meus clientes. Mas é fato que tem muita gente gorda, magra, velha, nova, de qualquer jeito atingindo suas metas. E isso tudo aí que você diz para si mesmo e para todo mundo não passa de uma busca de plausibilidade para descansar no seu fracasso. É preciso entender que nosso cérebro é nosso melhor e pior inimigo.

A autossabotagem é um processo inconsciente que coloca você contra seus próprios objetivos e pensamentos. A partir disso, adquire comportamentos para se punir e não chegar ao sucesso esperado ou conquistar algo pelo qual tanto lutou. Temos dois jogos a jogar: você em relação às suas metas X você em relação a si mesmo. São dois jogos: um externo e um interno, que jogam contra você mesmo. Muitas vezes largamos o processo por um sentimento de baixo automerecimento ou por não acreditar sermos capazes de alcançar os objetivos.

Shirzad Chamine diz em seu livro que "Inteligência Positiva é uma indicação de controle que você tem sobre sua própria mente e o quão bem você age em seu próprio benefício". Ou seja, levar o pensamento para a perspectiva de que qualquer desafio que você encare já é uma dádiva e uma oportunidade, ou pode ser transformado nisso. Portanto, observe seus pensamentos e foque na sua capacidade e merecimento.

Mantendo a consistência

Quantos projetos de vida, ideias empreendedoras e outras boas intenções naufragam por falta de consistência. Alcançar qualquer tipo de meta requer esforço e trabalho contínuo. Mais importante que a velocidade e a intensidade, é a direção e a consistência. Não se importe em caminhar grandes passos ou passos rápidos. Pense antes na ação direcionada e constante. Por isso valem mais pequenos e constantes passos. Evoluindo e aprendendo no caminho.

Toda jornada ensinará muito sobre você. Entender quem somos, nosso perfil, valores, propósito e o que realmente nos faz vibrar é um dos fatores mais importantes quando a gente fala de manter a consistência. Saber o porquê aquele objetivo é tão importante para você, entender quem mais atingirá quando chegar lá e o propósito real daquela busca dará mais forças para não desistir pelo caminho. Precisamos de algo forte, que nos impulsione, que seja como um ímã nos atraindo para nossa meta. E sempre voltarmos nosso olhar para esses porquês.

A constância é uma espécie de força motivacional que nos ajuda a permanecer firmes no propósito de alcançar a meta traçada. Ela é a virtude com a qual conquistamos os objetivos que propomos a nós mesmos. No percurso até a chegada ao objetivo, é natural que apareçam tropeços, e é justamente nesses momentos que a constância "turbina" nossa vontade para superar o cansaço, o desânimo e nos impulsiona a continuar.

Portanto, viver a constância significa levar desafios até o fim, não mudar de ideia diante da primeira dificuldade e terminar o que foi começado. É não deixar as coisas para depois, não desanimar diante dos obstáculos, saber esperar, fazer as coisas bem do princípio ao fim, não importa o quanto durem, e manter o máximo esforço durante todo o tempo. Como uma árvore não cresce da noite para o dia, também a constância é algo a ser regada todos os dias. É preciso ter força de vontade para aprender que as metas serão alcançadas se nos mantermos firmes no objetivo.

Muitas vezes nossa meta final (ponto B) está distante. Às vezes passar num concurso, emagrecer 30 quilos, fazer uma transição de carreira, enfim, metas que estejam para daqui 1, 2 ou 5 anos fazem desanimar pelo caminho. Você já terá finalizado seu processo de coaching e terá que continuar a caminhada sozinho. Por isso, muitas vezes é difícil manter a consistência e constância. Mas é justamente nessa hora que deverá focar na força maior de atração para objetivo final.

Aqui vão algumas dicas de como não perder a consistência no meio do caminho.

1. Tenha objetivos claros e metas para alcançá-los

Quando não se tem um caminho certo a seguir, começa a andar em círculos. Ter um objetivo nos motiva e dá significado aos nossos desafios, sejam grandes ou pequenos, como ler um livro por mês, parar com algum vício, economizar dinheiro, se exercitar todos os dias etc. Sempre esteja realizando novas metas rumo ao que deseja. Rumo a quem quer se tornar.

2. Pratique a consistência

Todos os dias, mesmo naqueles em que não está com muita vontade ou motivação. Muitas vezes é exatamente manter a consistência que vai nos tornar mais motivados. Com a prática repetitiva, melhoramos e, se melhoramos e vemos resultados, nos motivamos. É como uma engrenagem. Olhe diretamente para seu propósito final.

3. Reveja seus objetivos com frequência

Falo sempre para os meus clientes: revise sempre seu caderno de insights, onde percorro com eles todo o nosso processo de coaching. Ali, além das sessões, é válido colocar os insights e lições que aprenderão pela trajetória do ponto A, atual, até o ponto B, desejável.

Para que não caia no esquecimento ou seja atropelado pela rotina, revisite seus objetivos com regularidade. Pode ser todas as manhãs, no início de cada semana ou como desejar. O importante é ter sempre fresco em sua mente o motivo pelo qual deseja alcançar sua meta.

4. Se não conseguiu, aprenda. Todos podemos tropeçar.

Você poderá falhar. Mas ao cair, não fique no chão por muito tempo, só o suficiente para se recuperar, pensar e aprender com a queda. A ideia é que reveja os pontos que o levaram ao chão, use para melhorar e seguir seu caminho rumo ao objetivo final. Pense: "o que eu poderia ter feito de diferente para atingir aquilo que não consegui". Faça sua queda gerar reflexão e aprendizado.

Várias vezes você criou a imagem da chegada na corrida para seus objetivos e começou a correr. Você largou, fez uma série de coisas importantes, evoluiu, continuou no percurso, mas, de repente, cansou, sentiu sede, alguma contratura e parou. Cai a peteca, você dá uma esmorecida, perde a disciplina e, quando vê, parou de fazer o que precisava para atingir sua meta.

O que aprendi é que, além de manter o olho na disciplina, sua permanência na corrida é mais importante que a velocidade que coloca nos seus passos. A sua consistência e continuidade são mais importantes que a força e a intensidade.

Passos para a conquista

Existem cinco passos básicos para a gente atingir um objetivo. Entendê-los e praticá-los será uma das chaves para passar pela fase da consistência e chegar à CONQUISTA.

Vamos entender quais são:

Fazer

Tem aquela frase que muitos já conhecem "fazer é melhor do que fazer perfeito". Muitas vezes nos bloqueamos em começar algo porque queremos fazer perfeito. E com as exigências da perfeição, acabamos é não fazendo nada. Então, comece a fazer. A perfeição virá depois, com o tempo.

Medir

Mensurar seus ganhos e perdas é importante para avançar. Todo atleta mensura seus treinos, pois assim ele sabe onde está errando ou onde precisa melhorar. Tenha o hábito de mensurar sua vida.

Aprender

Errou ou não conseguiu? Revise. Gere reflexão e aprendizado nos seus erros. Pense o que poderia ter feito para caber aquela meta no seu dia, ou que distrações deveria evitar para realizar tal meta que não conseguiu fazer. Aprenda com seus erros e recomece diferente.

Melhorar

Uma vez que localizou onde está errando e mensurou isso, tem a chave para melhorar. Você saberá como refazer de outra forma.

Fazer de novo

Com todos os passos anteriores revisados, você voltará lindamente rumo ao que deseja: seu sonho. Mas agora de forma mais assertiva.

Meu desejo é que, com essas linhas, eu tenha ajudado você a entender melhor o que trabalhamos num processo de Coaching e que, com a leitura deste capítulo, você siga com mais consistência rumo ao que deseja.

Lembre-se de que a vida é abundante. Não se contente com menos do que nasceu para ser e ter.

Referências

CHAMINE, Shirzad. *Inteligência positiva*. Rio de Janeiro: Fontanar, 2013.

THEML, Geronimo. *Produtividade para quem quer tempo: aprenda a produzir mais sem ter que trabalhar mais*. 11. ed. São Paulo: Gente, 2016.

TOLLE, Eckhart. *O poder do agora*. Rio de Janeiro: Sextante, 2000.

18

POR TRÁS DA REALIZAÇÃO DE UM SONHO

Qual é o sentimento de ser bem-sucedido? Talvez você pense que ainda não tenha a resposta. Na verdade, você é a única pessoa que possui competência para respondê-la — mesmo que não saiba. Chegar ao triunfo é muito mais do que colocar uma medalha no peito ou ganhar um bônus no fim do mês. A essência da conquista é o que diz "por que" valeu a pena. Qual é o significado de tudo isso no fim das contas?

SANDOR SANCHES MOURA

Sandor Sanches Moura

Oficial da Marinha do Brasil com 23 anos de serviço. Escritor, palestrante, *coach* educacional e de carreira. Idealizador do programa ao vivo e do aplicativo móvel *Prodygio - aprendizagem consciente*, os quais acompanham jovens e adolescentes no caminho para alcançar a confiança, a responsabilidade e a traçar estratégias para o futuro. O seu objetivo está em gerar valor à personalidade por meio do fortalecimento da autonomia responsável à juventude, contribuindo para o bem-estar da família e da sociedade. Após o bacharelado e a licenciatura na área da Computação (UVA) e o MBA em Projetos e Governança (UFRJ), dedicou-se ao desenvolvimento humano por meio da coautoria no livro *Transformando Valores em Resultados*; da pós-graduação em Neuropsicopedagogia Clínica (UCAM); e das especializações em Analista C-VAT, *Coaching* Vocacional (IMS), *Coaching* de Carreira e Executivos, Líder *Coach*, Analista de Perfil Comportamental (IGT), *Teen Coach* (ICIJ) e *Personal & Professional Coach/Leader as Coach* (SBC).

Contatos
www.sandorsanches.com.br
www.prodygio.app.br
coach@sandorsanches.com.br
Medium: @sandorsanches
Instagram: @sandorsanches
Facebook.com: @SandorSanchesCoach/
22 98815 9288

Convido você, neste breve capítulo, a refletir sobre as conquistas durante a sua vida. Quais foram as mais importantes e que trouxeram benefícios a você, seja no âmbito social, pessoal ou profissional? Tenho certeza de que contabilizará uma mescla entre um vasto currículo a "medalhas de papelaria". Não importa, pois todos temos uma boa história vitoriosa para contar. Bora explorar a sua?

Vou facilitar as coisas e contar-lhe uma história de como você chegou até aqui.

No ano de 2020, fui convidado a fazer parte do livro *Transformando Valores em Resultados*. Foi uma experiência empolgante e desafiadora. Esse convite só foi possível porque decidi fazer uma especialização, justamente na metodologia que leva o nome do título do livro e com os idealizadores do método. Mas nada é por acaso. Eu fiz essa formação porque queria me desenvolver como *coach* e potencializar o programa ao vivo com foco na juventude, Prodygio – Aprendizagem Consciente. Como dizem: "uma coisa leva a outra!". As minhas formações em desenvolvimento humano e *coaching* foram, inicialmente, para o autodesenvolvimento como líder, enquanto oficial da Marinha do Brasil. E, para concluir, segui a carreira nas Forças Armadas após um grande período de dedicação, quando jovem, ao movimento escoteiro.

Cada conquista só foi concretizada porque sabia do meu potencial para alcançar a próxima meta e, assim, sucessivamente. Eu tinha a consciência de que não sairia do zero, mas traria algo a mais comigo, que contribuísse de alguma maneira para um novo projeto, um novo desafio – mesmo sem saber o que era.

O que eu fazia era simplesmente me encontrar com aquele vitorioso do último objetivo conquistado e ressignificá-lo para o que viria à frente. O novo trajeto a ser traçado não era tão novo assim, pois eu já me conhecia, sabia das minhas competências, meus talentos, minhas forças, até onde eu poderia ir e o que poderia esperar de mim mesmo. Dessa forma, ficaria mais fácil caminhar com mais assertividade e me recuperar com rapidez e confiança.

Agora chegou a sua vez! Pensou nas suas vitórias? Entre essas realizações, quais delas você ainda se lembra de como chegou lá? Quais ainda defende com honra o que alcançou? Quais delas ainda pratica e faz questão de repassar suas experiências aos que virão? Perguntas um tanto quanto reflexivas, não é mesmo?

Ver pessoas motivadas com seus sonhos e propósitos, como você; presenciar a distribuição deste livro nas diversas livrarias do país; realizar a autorreflexão para escrever este texto; testemunhar a dedicação de cada *coach* coautor nesta obra literária; selecionar os escritores de renome e que tivessem boas histórias para contar para você; aprovar a capa deste livro e receber o convite da editora para coordenar este projeto. Ufa! Muita coisa se passou para que você pudesse chegar até aqui, como um leitor.

Sinceramente, para iniciar e coordenar este projeto, *Todo mundo merece um coach*, pensei como deu tudo certo na coautoria do livro anterior. Isso me motivou de verdade. Mas para encarar aquela primeira vez como escritor, lembrei-me do evento ao vivo Prodygio – Aprendizagem Consciente e de como sou feliz com aqueles jovens. Assim, senti que conseguia fazer algo importante para outras pessoas. Daí, não parei mais, na hora certa veio à tona as sessões com os jovens e adultos que obtiveram êxito nos nossos encontros – dessa vez, reparei que sou capaz de ajudá-los a realizarem os seus objetivos.

Bom! Vieram, então, as minhas conquistas na Marinha do Brasil, de promoções a Medalhas Militares. Nossa! Que orgulho, não? Por último, refleti sobre quando era um menino, depois um jovem escoteiro e me dedicava a fazer o bem, a planejar uma tarefa ou a realizar uma atividade para me qualificar em uma área. Como eu era vitorioso naquela época!

Pronto! Cheguei aonde eu precisava. Agora estava com uma autoestima para lá de positiva. Eu encarava qualquer desafio ou uma tarefa difícil, uma fase precária, um dia nebuloso ou uma noite de trovoada. Eu estava com força total. Com aquele sentimento, nada me impediria de seguir em frente, realizar, conquistar.

Cada etapa encarei como uma tarefa; depois, comemorei como uma conquista. E era mesmo. Mas tudo isso só foi possível porque acreditei que seria capaz no momento que relembrei todas as minhas conquistas passadas, mesmo as que não eram tão grandes assim. Eu sabia que aquele escoteiro não deixaria a oportunidade passar. Foi de lá que descobri de onde vieram as minhas energias, a força, a dedicação e a motivação para seguir com este livro magnífico. Você está aqui agora por toda essa história de obstáculos ultrapassados, desafio superado, cansaço derrotado e realização alcançada. Foram as conquistas passadas que me incentivaram a sentir - para sempre - como um vitorioso. Temos vitórias para contar, basta reunir aquela energia que tinha no momento da conquista e transportar para o desejo de hoje, para o sonho de agora, para o que deve vir amanhã. Pronto! Aí está mais um sonho realizado.

Não sei se você reparou, mas contei uma história com passos em ordem no tempo. A mais recente primeiro; depois, a mais antiga e, assim por diante até chegar aonde me sentisse com energia total, um gigante.

Você pode conquistar qualquer objetivo que deseja se tiver o que precisa dentro de você. Isso ninguém pode tirar. Ao seguir para um novo projeto, tome uma atitude de vencedor e reflita sobre suas conquistas passadas que logo estará autoconfiante o suficiente para dar mais um passo avante.

O *coach* dos *coaches* - Tony Robbins - chama esse conjunto estratégico para incitar sentimentos positivos, a partir de estímulos desejáveis, de "ancorar-se no sucesso". Eu aprendi com o seu livro - *Poder sem Limites* – e pratico em todas as ocasiões que vejo a necessidade de encarar mais um objetivo. Eu entendi que depende de mim mesmo para criar a minha realidade. Você provavelmente terá o mesmo sucesso ao seguir esse caminho. Fico extremamente grato em transmitir esse conhecimento para você. Certo de que foi e continua sendo transformador para mim, será para você da mesma maneira e de igual (ou maior) intensidade.

Pode ser que fique difícil sair do lugar em algum momento, se mexer, saber para onde ir. Por isso, está aqui. Você já está caminhando, se movimentando, indo ao encontro de si mesmo. Dúvidas acontecerão, lógico, mas por que não pedir ajuda a um *coach*, mentor ou professor? Nós não precisamos e não devemos fazer tudo sozinhos. Mas saber a quem procurar é mais importante do que saber o que quer, pois nem sempre somos assertivos nas nossas escolhas ou certos de que conseguiremos andar sozinhos.

Agora que você já se sente um vencedor - para sempre - e conquistou os seus sonhos, que tal fazer algo diferente e inovador? Algo que lhe leve para o próximo nível. Aquilo que lhe diferencie dos demais.

Vamos começar do início. Você já refletiu sobre as suas conquistas passadas, se empoderou delas, virou um *superman* e realizou o que queria. Chega um momento da nossa vida que não basta só conquistar, tem que contribuir para valer a pena aquela conquista.

Pense mais um pouco agora. Quais áreas você teve ajuda? O que fizeram por você? Quais as qualificações que obteve? Como você ajudaria outras pessoas a serem o que gostariam de ser, usando o que aprendeu?

É difícil responder a esses questionamentos? Tenho certeza de que não, porque você sabe de "cor e salteado" todas as respostas. Você evoluiu, aprendeu e se desenvolveu com todas elas.

Um conhecimento só faz sentido quando passado adiante. Uma conquista só faz sentido quando exala de dentro de você mesmo. Então, por que não compartilhar essa dádiva e ser um ícone multiplicador de sonhos?

Desafio mais uma vez. Peço que reflita o quanto o objetivo foi importante para você. Algo que precisou buscar nas inúmeras conquistas passadas para ter a confiança de que precisava.

Agora, pense em tudo que se beneficiou com essa vitória. Tudo que aprendeu, conheceu, praticou e experimentou. Transforme tudo isso em um valioso conteúdo para que outras pessoas possam usufruir. Pense em alguma coisa que, no fim das contas, desejaria ter idealizado. Simples assim, oferte esse aprendizado. Tanto faz, disponibilizar com ou sem fins lucrativos, para conhecidos ou não. A contribuição só tem um requisito: surgir da autoconfiança. Seja íntegro no que entregará.

Sabe aquele sentimento que você buscou nas suas conquistas passadas? Agora ele surge em dobro. Sabe aquele poder que adquiriu resgatando as suas memórias? ele parece estar vindo do maior super-herói que existe. Sabe qual é o segredo para tudo isso? Gratidão!

Quanto maior o seu potencial de contribuição, mais forte você se torna. Quanto maior a motivação para aprender e passar à frente o conhecimento, mais forte se transforma. Acredite!

Sabe o que acontece a partir de agora? Essa pessoa que transformou a vida dela com o seu conhecimento e empatia, devolverá, com um sentimento sem precedência, uma gratidão inimaginável. Isso despertará em você algo tão fantástico que nunca mais parará de aprender, conquistar e repassar para os demais. E sabe para quê? Para sentir tudo isso novamente, de novo e de novo. Como uma onda do bem, sem fim.

Seja você a conquista que mereça ter. Seja você a causa de onde quer estar e, a partir daí, leve o quanto de pessoas puder levar consigo. Isso sim é uma conquista de valor e que deve ser contada. Sabe por quê? Porque *todo mundo merece um coach*!

Esse tema escutei pela primeira vez, na época, do meu mentor – Geronimo Theml - de lá para cá, entendi que ser um *coach* é muito mais do que ajudar ou incentivar alguém. O *coach* é aquela pessoa que contribui para o despertar da maior capacidade do outro sem ele mesmo acreditar e, assim, faz com que realize os seus sonhos e realmente com energia confiante o próximo ao seu lado. Como um ciclo infinito, leva o bem-estar para a sua família e para a sociedade.

Após ter sido convidado para tantos desafios, eu faço um convite a você agora. Que tal se desenvolver, se qualificar e usar um método que o leve ao sucesso? De tanto realizar a "ancoragem no sucesso" para pensar o que eu poderia trazer de conteúdo relevante para você nestas laudas, idealizei o meu próximo projeto – é a teoria, título deste capítulo, transformada em prática. Convido-o para fazer parte da comunidade Prodygio, na qual treino e oriento jovens e adolescentes a terem um futuro promissor em direção às suas conquistas. Falo de um aplicativo móvel, uma ferramenta para fortalecer no jovem o autoconhecimento, o estabelecimento de objetivos e o cumprimento de metas pessoais, escolares e de carreira, usando técnicas de desenvolvimento humano e neuropsicopedagogia. É uma jornada que leva à conquista da autonomia responsável.

Deixo a você este aprendizado. Pegue agora o seu "Espaço Prodygio" (papel e lápis). Defina qual será o seu próximo objetivo e comece a escrever as suas conquistas passadas. Imagine como telas de cinema passando na sua imaginação. Alegre-se com elas. Sinta como se estivesse lá novamente. Seja detalhista, pense nas pessoas que estavam lá com você, a roupa que usava, a música que tocava, como estava o tempo e qual foi o sentimento no momento exato de levantar o "troféu". Estou certo de que você não será o mesmo após este exercício o tanto quanto particular. Tire o maior proveito possível das suas experiências. Somente você mesmo pode fazer isso. Se preferir, separe, em um primeiro momento, fotos, vídeos ou qualquer outro objeto que facilite os detalhes das suas lembranças. Ou, então, compartilhe as suas experiências com um *coach* que ele ajudará sobremaneira, com certeza.

Eu idealizei esta obra literária e consegui reunir *coaches* da mais alta competência e de diversas especialidades para que você sinta, a cada capítulo lido, o quanto merece evoluir. Dentre eles, cito, com gratidão pela confiança e *expertise* compartilhada, os que dividem a capa desse livro comigo - Eric Arruda e Flavia Kobal – assim como todos os *coaches* coautores que acreditam o quanto podemos impactar a vida de pessoas, como você, com este projeto. Esses profissionais e amigos foram incansáveis e estudiosos para trazer o que há de melhor sobre desenvolvimento humano. Planejamos e organizamos os capítulos de maneira que você obtenha o maior potencial durante a sua jornada aqui conosco. Aproveite esta oportunidade ímpar. Aprenda, pratique e conquiste os seus sonhos. Você tem *coaches* a quem procurar e toda sabedoria para atingir o patamar que deseja. Uma conquista é só mais uma conquista, mas com um conjunto delas podemos fazer algo grande, muito maior do que imaginamos.

Agora é um Prodygio e está pronto para seguir adiante. Sinta o sucesso que deseja alcançar. Estou pronto do lado de cá. E você? Vamos juntos conquistar o seu objetivo?

Deixe-me saber o que está *"Por trás da realização do seu sonho"*. Estou ansioso para saber como foi a sua jornada.

Vejo você na próxima tela: "Tu és Prodygio!"

Referências

MOURA, S. S. Vocação a partir do autoconhecimento. In: BAUMBACH, Mariza; ALMEIDA, Ana Cristina. *Transformando valores em resultados: C-VAT a ferramenta do século*. São Paulo: Literare Books, 2021. Cap. 10. p. 100-150.

ROBBINS, T. *Poder sem limites: a nova ciência do sucesso pessoal*. Rio de Janeiro: BestSeller, 2017.

19
_____

A IMPORTÂNCIA DO AUTOCONHECIMENTO PARA O SUCESSO PLENO

As pessoas, no fundo, apenas estão buscando a própria felicidade (sucesso pleno) e, para alcançá-la, é essencial que se tenha ciência e convicção do propósito da vida. Isso passa por compreender a si próprio (autoconhecimento) e entender que o propósito pessoal é único e somente com o alinhamento absoluto o sucesso pleno será conquistado.

CLAUDIO MIYASHIRO

Claudio Miyashiro

Master coach criacional (IGT), integrante do time Let's Coaching (*coaches* do IGT), psicólogo, palestrante e gestor na área da Tecnologia da Informação (TI). Iniciou sua formação profissional na área de exatas, foi técnico em eletrônica por 12 anos. Graduou-se em Processamento de Dados e foi estagiário de TI aos 30 anos de idade. Ao longo da vida, a área de humanas foi, progressivamente, mostrando-se atraente e, em determinado momento, atendeu ao chamado e graduou-se em Psicologia. Atua clinicamente como psicólogo e essa prática muito acrescentou em sua atuação como profissional de TI, agregando a precisão de exatas com a amplitude da área de humanas. Veio a conhecer o *coaching*, que complementou o que a psicologia já tinha trazido, o olhar empático e sem julgamento. Nos últimos quatro anos (três como *coach*), tem vivido intensamente a sua paixão de estar e acompanhar o outro na busca de uma vida plena.

Contatos
claudiom.coaching@gmail.com
Facebook: claudiomiyashiro
Instagram: @claudiomiyashiro

Segundo dados da Population Reference Bureau, a população mundial em 2020 contabiliza cerca de 7,8 bilhões de pessoas e estima-se que cerca de 109 bilhões de humanos já viveram no planeta Terra. Se fosse possível comparar as impressões digitais de todos esses seres humanos, utilizando as técnicas da papiloscopia (ciência que estuda as linhas das mãos e dos pés), não seriam encontradas duas impressões iguais.

Explorando essa reflexão, se for considerado somente o aspecto físico, um ser humano com certeza é único, original, embora tenha inúmeros outros fatores que fazem cada pessoa ser específica e singular. Sem entrar no mérito de como ocorreu a criação do universo e dos seres vivos, deve existir uma razão lógica para essa especificidade do ser humano, talvez fosse mais simples, enquanto criação, se todos os humanos fossem iguais, sem identidade. Por hora, apenas deixe esse pensamento fluir.

Eu, particularmente, aprecio a ideia de que estamos nesta existência material por um propósito e que nascemos para dar certo. GeronimoTheml, uma referência, um dos maiores *coaches* do Brasil, em seus treinamentos fala que nenhum projeto foi criado para dar errado, e é fácil certificar esse fato: um engenheiro desenha um carro para que seja o melhor, performático, potente, que seja confiável e permita transportar as pessoas com segurança e conforto, assim como um *chef* de cozinha elabora seus pratos para que as pessoas degustem, aprovem e apreciem. Nessa analogia, os seres humanos também podem ser colocados como projetos que foram patrocinados por alguém muito poderoso, podendo ser Deus, o universo, a evolução das espécies, o algoritmo do acaso. Não importa a sua crença pessoal, se estamos aqui nesta existência é para ter sucesso dentro do projeto (propósito) que nos foi estabelecido.

Baba (2016, p.17) escreve em seu livro *Propósito*: "(...) trazemos um código, um programa, algo a ser realizado. Esse programa é o propósito da alma. Nós viemos para este mundo justamente para realizar esse propósito".

Se unirmos as duas reflexões, de que somos seres ímpares e um projeto para dar certo, a única possibilidade de obtermos sucesso pleno na vida é realizando o nosso propósito e sendo nós mesmos em essência.

Baba (2016, p.17) complementa: "Saber qual é o propósito é saber o que viemos fazer aqui. E o que viemos fazer aqui está intimamente relacionado àquilo que somos em essência". Enquanto negar vivenciar você mesmo, pode-se até alcançar um suposto sucesso, mas não virá na plenitude de forma a atingir todos os pilares da vida, será superficial, raso. Para reforçar esse pensamento, será que você, para assumir o próprio papel e propósito, precisará passar o que passou o personagem bíblico Jonas?

Baseado em uma passagem da *Bíblia* (Jonas 1-4), Jonas recebeu uma missão de Deus para levar uma mensagem ao povo de Nínive, cidade que estava envolta no pecado. Mesmo com uma ordem clara e direta, Jonas veio a desobedecer, esquivou-se e pegou um navio em direção contrária. Deus então, irritado, enviou uma terrível tempestade, de forma que o navio estava prestes a naufragar. Assustados, os marinheiros clamavam piedade aos deuses. Até que, consultando a sorte, concluíram que a tormenta era devido ao desobediente Jonas estar embarcado. Para salvar a todos e a embarcação, jogaram-no ao mar. Imediatamente a tempestade cessou e, no mar aquietado, surgiu um enorme peixe e engoliu Jonas que, por três dias e três noites, ficou dentro desse peixe. Desesperado, Jonas orou pedindo perdão. Então, Deus ordenou ao peixe vomitá-lo em terra firme, permitindo que ele pudesse cumprir a ordem de levar a mensagem a Nínive, isto é, cumprir seu propósito, aquilo a que foi destinado.

Mas como ser você mesmo? Entendo que o autoconhecimento é o passo inicial. No entanto, via de regra, as pessoas, por viverem padrões sociais, acabam não se autoestimulando a buscarem por essas respostas. Sem julgamento de minha parte, apenas relatando, uma criança é colocada na escola com toda a educação e influência familiar, positiva ou negativa, e, ao longo do Ensino Fundamental e Médio, é preparada para que ingresse nas melhores universidades, selecionadas muitas vezes por conveniências como influências familiares, mercado de trabalho, *status*, localização geográfica e não pela vocação e pelo propósito (que pouco ou nada foi estimulado até aqui). Uma vez formada e ingressa no mercado de trabalho, o objetivo passa a crescer na área de atuação, pressionada para prosperar, somada toda a velocidade que envolve a revolução tecnológica e da informação que vivenciamos atualmente. Nessa dinâmica, de muito trabalho e, às vezes velada, pressão constante para desenvolver e crescer para prosperar, pouco ou nenhum espaço é reservado para entender a própria essência, que dirá de buscar o propósito de vida.

Sendo assim, anterior ao autoconhecimento, tem um passo que é quem a estimula buscar, é quando a vida, em algum momento, assim como Jonas na barriga do peixe, coloca as pessoas em situação de incômodo, fazendo-as refletirem e procurarem o "algo a mais que falta" e, invariavelmente, inicia-se um processo de aproximação com o desenvolvimento pessoal e humano, podendo ser leituras, estudos e treinamentos, assim como busca por terapias ou por processos de *coaching*.

Em minha experiência enquanto *coach*, por várias vezes deparei-me com as angústias das pessoas por "estar faltando algo", mesmo em situações em que uma carreira profissional sólida e próspera era fato. Essas pessoas chegam em um processo de *coaching* buscando objetivos diretos como novos cargos, um aumento da produtividade, melhoria na comunicação ou mesmo um aumento de salário. Com frequência, trazem nas sessões, e aqui apropriando-me de termos da Psicologia, o *conteúdo manifesto*, o que aparentemente é o que está incomodando e que, supostamente, vai satisfazer a necessidade.

E o *conteúdo latente*? O que de fato está motivando o incômodo? Caso não seja trabalhado, é provável que continue alimentando a angústia e é nesse ponto que o alinhamento dos objetivos do processo com o indivíduo é uma peça fundamental. As ferramentas de *coaching*, aplicadas com método, são comprovadamente eficazes, trazem resultados efetivos. No entanto, se não estiverem perfeitamente alinhadas com o indivíduo, não fazem sentido ou não alcançam a plenitude.

O uso de ferramentas de *assessment* (avaliação) como, por exemplo, mapeamento de perfil comportamental, valores, sabotadores, Ikigai, forças de caráter, numerologia, arquétipos, dentre outras, e ainda aliado com a presença plena do *coach*, auxilia o correto alinhamento, ajuda a promover o autoconhecimento do *coachee*.

De posse desse conhecimento, os próximos passos são a aceitação e a internalização de quem você é. Lembre-se de que o projeto (propósito) ao qual foi designado e patrocinado por alguém ou algo muito poderoso só pode dar certo se aceitar na plenitude a sua aparência, sua história, sua genética, sua voz, sua vulnerabilidade, sua "impressão digital". Quando você internalizar isso tudo como seu (e só serve para você, uma pessoa única), fará com que as coisas da vida tenham um novo significado, será como vestir uma roupa feita sob medida, com perfeito caimento, será como voltar para casa depois de muito tempo, certamente a energia se renovará e o despertador passará a ser seu amigo, pois acordará para mais um dia de realizações.

Vale também registrar que, para algumas pessoas, embora a vida tenha colocado os incômodos necessários, os movimentos de busca de autoconhecimento e de seu propósito não são realizados. Por muitas vezes, a pessoa vem a esquivar-se com falsos prazeres como álcool, drogas, compulsões em geral, ou ainda, para outras, esse movimento vem a ocorrer somente no leito de morte com pouco ou quase nenhum tempo para realizá-lo, o que de certa forma não invalida o processo. O que impede esse movimento é uma profunda reflexão com vários fatores, não sendo o foco deste livro e que deixo para outra oportunidade.

O indivíduo com o autoconhecimento e apropriado da consciência de suas fraquezas e interferências, pode mediar e minimizá-las; por outro lado, possibilita potencializar todas as virtudes e recursos.

Sendo assim, se enumerarmos os passos, teremos:

1. incômodo (que promove o movimento inicial);
2. autoconhecimento, propriamente dito (busca de ajuda, com frequência, de um profissional);
3. aceitação (processo de reconhecer e gostar de quem é);
4. internalização (quando a "imagem do espelho" cai bem, sem maior esforço).

Mas Claudio, só isso é suficiente? Claro que não. Tudo isso demandará muito trabalho e dedicação, e essa é a sua parte, é o livre-arbítrio que a vida, em toda a sua beleza, nos oferece. Não importa o que fizemos ou deixamos de fazer, a cada dia, a cada instante, ganhamos uma nova oportunidade para realizar.

Ainda citando Baba (2016, p. 17): "Assim como a laranjeira só pode dar laranjas, o ser humano só pode dar um tipo de fruto: o amor, pois o amor é a sua essência. Entretanto, o amor é um fruto que pode se manifestar de infinitas formas. Cada alma traz consigo dons e talentos que são a maneira única por meio da qual o amor se expressa através de nós".

Com a única certeza de que um dia o livro da vida irá se encerrar, em qual lugar da estante vai querer que o seu livro esteja? Na posição de destaque dos *best-sellers*, num lugar intermediário ou naquele fundo empoeirado que ninguém quer ler? Talvez o livro da sua vida tenha sido escrito do nascimento até hoje com uma caneta qualquer, ou, porventura, esteja com páginas borradas, em branco, repetidas, mal-escritas, com palavras de baixo calão, com algumas páginas que gostaria de arrancar, porém é impossível, afinal é o livro de sua história e tudo isso é a beleza da vida. Você ganha uma página nova a cada momento e é de sua responsabilidade o que e como será escrito. Será que o livro, a partir de agora, pode ter páginas escritas em versos e prosas com canetas coloridas, e, por que não, páginas perfumadas, com especiais efeitos luminosos e sonoros, com desenhos e enfeites, tudo alinhado de forma harmoniosa?

Da mesma forma que um filme pode ser monótono, no entanto ter um final eletrizante é o que faz valer a pena voltar a assisti-lo, sempre é hora de vivenciar todos os seus sonhos e todo o seu potencial, sempre é hora de transformar o livro de sua vida no maior *best-seller* que todos vão querer ler e recomendar e, principalmente, que sua passagem nesta vida, que sua existência não tenha sido em vão, que você tenha honrado quem o patrocinou para estar aqui, sendo exatamente aquilo que você é como essência.

Convoco-o a fazer a sua parte. Sempre é tempo, você tem esse poder, essa é a beleza da vida.

Conheça a si próprio e seja você.

Que passo se propõe a fazer a partir de agora?

Agora vá lá e faça, honre essa totalidade.

Referências

BABA, Sri Prem. Propósito. Rio de Janeiro: Sextante, 2016.

BÍBLIA, JONAS. In:Bíblia. Português. Nova Bíblia Viva / Diversos Autores - São Paulo: Hagnos, 2018.

POPULATION REFERENCE BUREAU (PRB). *How Many People Have Ever Lived on Earth?*. Disponível em: <https://interactives.prb.org/2020-wpds/> - Acesso em: 28 nov. de 2020

20
_____

A VERDADE SOBRE SER PROTAGONISTA QUE AINDA NÃO LHE CONTARAM

Afinal, o que é ser protagonista da própria vida? Vamos falar sobre isso neste capítulo e como, talvez, a falta de convicção nos seus valores e princípios, no que é importante para você realmente e que está atrelado ao seu autoconhecimento pode atrapalhar e até mesmo estragar algo que é tão incrível de ser vivido. Sua vida plena, abundante e feliz. #BoraProtagonizar.

DENISE GIOVANNETTI

Denise Giovannetti

Coach formada em *Personal e Professional Coaching* (2017), na SBC – Sociedade Brasileira de Coaching, tendo uma segunda formação em *Coaching* Criacional (2019) pelo IGT – Instituto Geronimo Theml. Analista comportamental pela Solides (2019) e do HMI – MBTI (2020) para perfil comportamental, especialista em autossabotagem (2019) baseado em Shirzad Chamine, especialista em crenças limitantes (2019) segundo a TCC – Terapia Cognitiva Comportamental, treinadora comportamental (2020) pelo Instituto Lyouman, hipnoterapeuta (2021) pelo Instituto Lyouman, reikiana (2013) pelo método Usui Tibetano e apaixonada em essência e pela essência do ser humano.

Contatos
dpj.giovannetti@gmail.com
Instagram: @denise.giovannetti
27 99273 2742

Afinal, quem é o protagonista da sua vida? Acredito que sua primeira resposta, assim de cara, já seria algo do tipo: "eu, óbvio". Posso garantir a você que às vezes pensamos ser, mas no fundo ainda não somos. Mas o bom, aliás, o ótimo é que a palavra *ainda* está inserida nesse texto.

O protagonista, em princípio, é aquele que assume as rédeas da sua vida, em seus relacionamentos, suas finanças, em relação aos seus maus hábitos, seu corpo, sua carreira ou em qualquer papel em que ele deseje estar. São pessoas conscientes do seu papel de transformar e impactar a partir do seu exemplo e do ambiente em que convive. Protagonistas aproveitam e sabem explorar oportunidades, não ficam na tão temida zona de conforto e enfrentam seus medos.

E por falar em papéis e medos, deixe-me contar um pouco mais sobre mim. Eu sou uma em muitos papéis, assim como você também deva ser, suponho.

Sou mulher, mãe, esposa, filha, amiga, empreendedora, *coach*, treinadora e cristã, pois creio em Cristo e a Ele sou grata por assim ser.

Dentre todos esses papéis, um dos meus favoritos é ser *coach* e exercer minha paixão. Ser instrumento de transformação na vida das pessoas que atendo, os meus queridos *coachees*. Hoje tenho a evolução permanente como parte do meu DNA, então faço especializações, participo de mentorias e tudo que eu entenda ser relevante para minha melhoria contínua como pessoa e como profissional. Mas nem sempre foi assim. Existiu um momento da minha vida em que não me sentia protagonista. Na verdade, estava tão na inércia que nem sabia o que estava sendo para mim mesma. Eu estava no estilo de uma música de um cantor famoso que fala mais ou menos assim: "*deixa a vida me levar, vida leva eu*". O problema é que ela me levou para onde não queria estar e, quando me dei conta, estava pesando 110kg, obesidade mórbida nível II, estava numa fase terrível do meu casamento com muitas discussões e desentendimentos constantes e com minha situação financeira e minha carreira totalmente perdidas e desalinhadas, mas o alerta ainda não havia ligado. Nessa época ainda não havia descoberto o *coaching*, o desenvolvimento humano e a inteligência emocional, com isso minha vida estava indo de mal a pior.

Mas, hoje, com todos esses investimentos feitos em minha vida pessoal e na minha vida profissional, posso garantir que me sinto (e *sentir* é a grande chave do negócio) a verdadeira protagonista da minha vida.

Contarei brevemente o que aconteceu e como virei esse jogo em tão pouco tempo, e hoje estou na minha melhor fase em relação a minha saúde e a meu corpo, meu relacionamento, minhas finanças e, principalmente, minha carreira. Hoje posso dizer que faço o que amo e amo o que faço.

Eu sou comunicadora por natureza, no perfil comportamental e na vida. Então conversar, fazer rir, estar com pessoas e sentir leveza e paz sempre foram habilidades que todos que me conheciam apontavam em mim. E eu amava isso. Mas com o tempo, fui deixando de entender o que e quem eu era em essência, em verdade. Eu me perdi de mim. E vale a repetição. EU me perdi de mim. Não foi meu marido, minhas filhas, as circunstâncias ou qualquer outro fato que me impediram disso. A responsável, e veja bem, a *responsável* por tudo isso, e não a culpada, foi única e exclusivamente eu. Isso mesmo. Eu.

Ao longo deste capítulo, vamos fazer algumas reflexões e entrar em movimento. E um dos movimentos, e até mesmo o principal deles, ousaria dizer, é ter autorresponsabilidade. Muitas vezes, quando não somos protagonistas das nossas vidas, queremos acreditar que a culpa e a responsabilidade por nós não estarmos vivendo nossa vida dos sonhos, a vida que acreditávamos ser a que merecíamos, é de todos, menos de nós mesmos. E isso é um erro gigante.

Termos a percepção e o entendimento disso é o primeiro e fundamental passo para a construção dos próximos passos e alicerces dessa construção pessoal, chamada protagonismo de vida. Para o protagonismo, precisamos invariavelmente refletir sobre um ponto que já contei para vocês que, quando não era protagonista, passava longe de mim, mas que, assim que descobri essa "cerejinha do bolo", o jogo começou a virar. Estou falando sobre autoconhecimento. Fala-se muito de autoconhecimento, mas muitas vezes a gente tem dificuldade de entender o verdadeiro significado disso. A ideia é que a pessoa tenha se apropriado de si mesma de tal forma que possa ter segurança para dar os próprios passos ao fazer suas escolhas, dar as próprias respostas à vida e aos próprios questionamentos. Dar atenção a essa busca de autenticidade é o que acredito que nos leva à paz, à leveza e ao protagonismo efetivo. É claro que isso não acontece da noite para o dia, ou como em um passe de mágica. Mas acontece. Isso posso garantir. Ter essa paz de espírito é o que chamo de você ser protagonista da própria história, de você. Entender o sentido das escolhas que fazemos, mesmo que sejam por vezes fora de um padrão social comum, fora do que esperam da gente. Seja na escolha da sua profissão, na escolha para seu ou sua parceira de (e para) vida, na sua decisão de ter ou não filhos, enfim, estou falando de tomar decisões baseadas em suas necessidades e não naquilo que acreditam que seria o ideal para nós. Quanto mais buscamos o autoconhecimento, mais perto ficamos de alcançar nosso destino dessa jornada, porque teremos várias outras no decorrer do caminho.

Quando começamos a entrar nesses questionamentos, é o momento em que começaremos a construir nossa história de verdade. Nesse questionamento daquilo que a gente vai construindo sobre a gente mesmo, quanto mais assumimos os riscos das nossas escolhas, mais autênticos nos tornamos. A partir disso, conseguiremos ser verdadeiros com a gente e com as pessoas que nos cercam.

Esse processo de autodescobrimento ou autoconhecimento é importante para tudo isso. A gente costuma falar que dentro do desenvolvimento uma das únicas coisas que determinam nossas escolhas, por conseguinte nossos resultados, é a autoimagem. É o que a gente pensa e acredita sobre nós mesmos. E o que a gente pensa sobre a gente é construído ao longo da nossa vida, principalmente quando somos bem pequenos. Algumas teorias falam inclusive desde a vida intrauterina, e isso se dá até o fim da nossa primeira infância. Depois dessa etapa, dessas construções que fazemos, reafirmado por nossas ações cotidianas e pelos resultados delas, essa autoimagem. A gente vai recebendo influências do meio e das pessoas o tempo todo, e esses fatores vão fazendo com que a gente construa essa ideia de quem somos, mas essa "ideia" pode não ser tão fiel à realidade.

Vamos construindo o *Eu ideal*, que é como eu *deveria* ser, e o *Eu que eu sou*. O grande abismo se dá aqui, entre o que acredito que *devo ser* e entre o *eu* que é construído pelo meu eu real, que é quem eu sou enquanto minhas competências. Quanto mais distante estiverem um do outro, maior sofrimento existe. Aí a dica é olharmos para o *eu ideal* e desconstruirmos.

Lembra dos papéis? Então a vida é assim. Na vida, nós temos papéis para interpretar, nós temos papéis para cumprir e esses papéis estão cheios e arraigados de *"você deve ser assim, você deve ser assado"* para assumir e interpretar esse papel. Mas foram cheios por quem não é o protagonista dessa peça, por quem não viverá esse papel a fundo, ou seja, não é cheio por você mesmo. Já parou para pensar nisso?

A sociedade - na verdade as *pessoas*, porque a sociedade nada mais é do que seres individuais que juntos formam a tal sociedade, certo? - está jogando isso para a gente (lembre-se de que você pode estar fazendo isso, mesmo que de forma inconsciente com outro ser humano). Aqui começa a ficar claro que, quando temos que seguir um papel ou quando temos que seguir um ideal de perfeição, acabamos não dando espaço para a fraqueza, para a vulnerabilidade e para a felicidade. E é aqui, nesse momento que eu, como indivíduo, fico esperando que as pessoas sejam assim também, e aqui um fica olhando para o outro para saber quem é mais perfeito que o outro, quem está cumprindo o papel direitinho e acaba se esquecendo que está sendo difícil para todo mundo, que se amar é uma tarefa difícil para todos neste modelo de sociedade. Nesse ponto começam a surgir as ideias de que, quando buscamos o autoconhecimento, passamos a nos tornar egoístas ou hedonistas, a ponto de não nos importarmos com os outros; pelo contrário, começa a se responsabilizar pelo efeito que gera no outro e, principalmente, em si mesmo por ser quem é.

O grande filósofo Sartre já falava de dois tipos de consciência: a consciência de primeiro grau e consciência de segundo grau. A consciência de primeiro grau é uma consciência que está no automático, é uma consciência irreflexiva, ou seja, faço porque todo mundo faz, vivo porque todo mundo vive, como porque todo mundo come, e assim por diante. O tal estilo de vida do "efeito manada". A justificativa das minhas ações e dos meus resultados estão sempre atrelados ao meio exterior, e nunca a mim mesmo; por sua vez, uma consciência de segundo grau é uma consciência mais reflexiva, mais aprofundada em si mesmo. É uma consciência que entendi o *porquê* e *para que* faz o que faz. Esse estilo de consciência faz com que a gente possa se apropriar das escolhas e assim arcar, conscientemente, com as responsabilidades dos nossos atos, sejam os resultados positivos e benéficos ou não. Isso é o ponto-chave, a autorresponsabilidade é vital para que possamos ser protagonistas, para que possamos ser autênticos, e a autenticidade traz a segurança para as nossas escolhas. Quando temos segurança de que aquilo talvez não nos leve para onde queremos, justamente aquilo que queremos, passamos a ter uma segurança para escolher o que vai nos garantir desse momento em diante, o respeito que esperamos das pessoas. Talvez não a concordância, mas o respeito que esperamos, com certeza, porque ninguém questiona felicidade.

Pensando em facilitar sua vida, resolvi trazer algumas dicas para entender seus anseios em ser protagonista da própria vida.

- converse com amigos, *mas amigos de verdade*. Aqueles que fazem você pensar, que tiram da zona de conforto, que tiram da certeza das coisas;
- assista a um filme ou leia um livro que faça você refletir sobre conceitos e possibilidades de escolhas;
- passe por um processo de desenvolvimento humano. Permita-se passar por um processo de *coaching*;
- pratique momentos de meditação e atenção plena: *mindfulness*;
- se entender que precisa de algum auxílio mais profundo, algo que perceba ser mais patológico, procure um terapeuta ou um psicólogo. Isso será importante para você.

O vital aqui é se entender, entender suas metas e seus objetivos para protagonizar de verdade. O autoconhecimento é o primeiro passo para uma inteligência emocional aflorada. Depois que me percebo, eu me torno mais responsável, não consigo mais mentir que não sou assim e, a partir daí, me torno mais responsável pelos efeitos do *ser assim* da forma como eu sou. Isso é um exercício gradativo e diário. Ao passo que caminhamos nessa direção e nos damos conta de nós mesmos, também aprendemos a nos relacionar com o outro. Quanto mais me conheço, menos impacto negativo gero em minhas relações e em minha vida. Ser vulnerável e apenas eu mesmo.

Mas fique atento, porque nesse mundo que vende uma ideia de que precisa estar bem o tempo todo, pode mascarar o seu verdadeiro eu, como em um baile de máscaras.

Eu já escolhi o papel que quero interpretar.

É o papel da minha verdadeira identidade. E você? Já escolheu que papel vai interpretar na própria vida: de protagonista, plateia ou antagonista?

Agora é com você. Vai lá e faz!

OS VALORES E SUA IMPORTÂNCIA EM NOSSAS VIDAS

Conhecer nossos valores nos abre um universo de infinitas possibilidades, desde uma simples escolha sobre uma determinada compra até o fato de fazer ou não uma transição de carreira ou ainda manter um relacionamento que possa estar desalinhado com aquilo que acreditamos. A pessoa que passa a dominar esse conhecimento tem a possibilidade de se tornar muito mais assertiva em suas decisões, além de ser responsável pelos seus resultados.

FLAVIA KOBAL

Flavia Kobal

Formada em Administração, empreendedora desde a infância, é empresária e sócia-fundadora do Grupo Ahava, no qual se dedica a desenvolver pessoas e empresas para potencializar talentos, melhorar a produtividade e desenvolver a cultura de alta *performance* pela aplicação de ferramentas de *coaching*, além de outras metodologias. É *trainer* do IGT (Instituto Geronimo Theml), instituição que está entre as cinco maiores escolas de formação de *coaches* do Brasil. Mentora de *coaches*, ajudando muitos a viverem sua missão. Palestrante nas áreas comportamental, motivacional, liderança e empreendedorismo com mais de 8.000 horas ministrando treinamentos abertos, *in company* ou exclusivos pelos parceiros, incluindo atendimentos em *coaching* para vice-presidentes, executivos, líderes e empresários de empresas multinacionais e nacionais de pequeno, médio e grande porte. Coautora dos livros *O novo manual do coaching* e *Mulher coach*. Trabalha fortemente a Inteligência Espiritual como forma de alinhamento de vida e de missão.

Contatos
www.grupoahava.com.br
flavia@grupoahava.com.br
Instagram: @flaviakobal
19 99217 7793

Receber o convite para fazer parte deste livro foi uma grata surpresa e grande satisfação. Atuo há alguns anos no mundo do desenvolvimento humano e ver um *aluno* alçando voos mais altos, acreditando na metodologia e querendo levar isso adiante só reforça a minha crença de que estou no caminho certo e de que realmente o *Coaching*, quando levado a sério, transforma vidas.

Neste espaço que me foi reservado para falar com vocês tenho um grande desafio, que é o de demonstrar o quanto os nossos valores interferem diretamente em nossas vidas, ditando escolhas, relacionamentos e até nossos caminhos profissionais. Compreender profundamente sobre esse tema é relevante para que você continue a ser o protagonista em sua vida, fazendo escolhas assertivas e direcionadas.

Então, venha comigo! A jornada será incrível!

Onde tudo começou

Para falar sobre valores e *coaching,* preciso primeiro situá-los. Eu vivo de *coaching* desde 2015. Minha primeira formação foi no ano de 2014 e, ainda quando estava buscando em qual instituição faria minha formação, tive a certeza de que aquele seria o meu caminho, que meu pote de ouro estaria ao final daquele arco-íris. De lá para cá, nunca mais pensei em mudar de carreira; pelo contrário, a cada dia tenho mais certeza do quanto amo, sou apaixonada e vivo o mundo o desenvolvimento humano. Minha missão é inspirar e desafiar pessoas para que se conectem com sua verdadeira essência e possam cumprir sua missão na Terra.

No entanto, nem sempre foi assim. Venho de uma família de pessoas comuns, trabalhadoras. Minha mãe foi professora de Ensino Fundamental e meu pai trabalhou em várias frentes como mecânico, administrador de fazenda, gerente de lojas. Quando ele assumiu a última função, eu, no alto dos meus 11 aninhos de idade, decidi trabalhar com ele. Sempre tive um olhar empreendedor para tudo, buscando mais e mais, jamais me contentando com aquilo que tinha conquistado.

A vida seguiu seus caminhos: casada, porém, me encontrava muito frustrada profissionalmente. Embora tenha tido trabalhos relevantes que me traziam certa realização, me faltava algo. Na época, eu não sabia explicar o que era. O trabalho do João, meu marido, nos obrigou a muitas mudanças, e isso desgastou ainda mais minha vida profissional. Até que, em uma das mudanças mais desafiadoras que passamos, saindo de Ponta Grossa/PR em direção a Palmas/TO, decidi que tiraria um tempo sabático em minha vida.

Eu estava muito frustrada com tudo que vinha acontecendo e precisava desse silêncio para conseguir ouvir minha voz interior, dentro daquilo que acredito me conectar profundamente com Deus. A programação era eu ficar nesse *shabat* por um ano, no entanto esse tempo durou quase cinco anos.

Talvez esteja se perguntando: o que tudo isso tem a ver com valores?

Calma, nós vamos chegar lá. Confie em mim.

Onde as coisas começaram a mudar

Ao final de 2013, eu estava morando em Goiás, na cidade de Formosa. A vida seguia, minha indignação seguia dentro de mim, mas agora de forma diferente, pois eu sabia que minha missão estava próxima. Sentia isso, se é que você me entende.

Recebi um convite para participar de um processo seletivo de uma multinacional, que estava expandindo sua área de atuação e precisava de uma gerente comercial para aquela região. Eu me lembro como se fosse hoje o meu espanto ao receber o comunicado sobre as entrevistas que aconteceriam para a seleção. Como já estava há um bom tempo fora do mercado de trabalho, não achava meu currículo atraente o suficiente para uma função como essa, mas decidi seguir no convite.

Sendo mais objetiva, as entrevistas aconteceram e eu fui selecionada para o cargo. Lembro-me da pessoa que então seria o meu chefe sentado à mesa com uma representante do RH da empresa me contando todos os benefícios que eu teria, valores de salário, bônus, comissões, enfim, naquele momento uma proposta sedutora e que me traria muitos ganhos.

No entanto, naquele dia algo profundo aconteceu. Fui para casa chorando com uma mistura de sentimentos entre "não acredito" e "será que é isso mesmo que quero?" Ao chegar à minha casa, conversando com o João, entendi que precisava refletir sobre aquela situação. Foi quando me conectei com uma das certezas mais importantes da minha vida.

Naquele momento, eu não tinha clareza do QUE EU QUERIA para minha vida, porém tinha clareza sobre O QUE EU NÃO MAIS QUERIA, e isso bastou para que eu negasse aquela proposta e seguisse meu caminho.

Observo o quanto aquele NÃO me levou longe, já que estou aqui hoje, e você está lendo parte da minha história.

Valores: ou os conhece ou irão governá-lo

O que quero chamar a atenção de vocês é para isso. Naquele momento, ao final de 2013, quanto neguei aquela proposta da multinacional, que parecia ser incrível, eu não tinha conhecimento sobre meus valores, porém hoje posso afirmar que foram exatamente os meus valores que me fizeram tomar aquela decisão.

Conhecer seus valores é fundamental para o seu processo de alinhamento. Alinhamento da sua vida em direção aos seus projetos e em direção àquilo que deseja construir. Para meus *coachees* e mentorados, quando passam a conhecer seus valores, é perceptível o quanto os liberta muitas vezes de escolhas dolorosas, de caminhos que não são congruentes e até mesmo de relacionamentos conflituosos.

Então, o que são valores? Valores podem ser definidos como os princípios pelos quais uma pessoa direciona, guia a sua vida, e isso está totalmente relacionado à própria história, desde sua concepção até os dias atuais. A forma como me relaciono, as escolhas que faço, até mesmo a carreira que decido seguir estão correlacionadas aos meus valores, já que determinam essas escolhas.

Para aqueles que querem e buscam viver uma vida plena de realizações, conhecer profundamente seus valores é ponto crucial nesse processo.

"Felicidade é usar os seus talentos ao máximo de forma que satisfaça os seus valores."

Compreendendo sobre valores

Já falei que valores governam nossas decisões. Embora seja um conhecimento clássico dentro de um processo de *Coaching*, temos pouca literatura acerca desse assunto. Vamos compreender então a importância desse conceito por meio de exemplos práticos e, na sequência, você mesmo terá a possibilidade de conhecer seus valores.

Imagine um casal que um dos cônjuges tem como principal valor a liberdade. Essa é uma pessoa que costuma ter uma visão mais empreendedora e mais otimista da vida. Não gosta de dar satisfações sobre seus afazeres, gosta de ter autonomia para fazer as próprias escolhas e, com certeza, terá mais dificuldade de se submeter a uma hierarquia organizacional. Por outro lado, é casado com uma pessoa que tem como valor a segurança. Ou seja, tudo precisa ter um mínimo de planejamento, não gosta de mudanças bruscas ou não calculadas, precisa se sentir segura para tomar decisões, terá como preferencial um emprego mais formal que traga justamente a "segurança", elemento importante. Agora, o que acontece: duas pessoas possuem valores que são divergentes entre si e não têm clareza disso, o nível de conflito entre o casal torna o relacionamento desafiador e até mesmo desgastado. Refletindo em todos os aspectos da vida, no relacionamento entre pais e filhos, entre amigos e na carreira.

Eu mesma já atendi diversos *coachees* que vieram para o processo de *coaching* dispostos a fazerem uma transição de carreira e que, ao longo do processo, identificaram o que precisava ser alinhado eram seus valores. Eles não precisavam mudar de empresa ou de chefe, somente compreender quais valores não estavam sendo atendidos para reverter a situação. Isso acontece porque, além de termos valores que são diferentes, esses valores também possuem critérios que podem ser diferentes, ou seja, um mesmo valor pode gerar atitudes, comportamentos e escolhas em uma pessoa e ser diferente em relação à outra.

Com uma *coachee* que atendi, aconteceu exatamente isso. Ela tinha valor de contribuição e estava em um trabalho que não preenchia mais esse valor. No entanto, seu marido não a estava apoiando para fazer a transição de carreira, por ter valor de estabilidade. Quando ambos perceberam que estavam com critérios altos de seus valores, conversaram e alinharam todo o processo. Com isso, o planejamento de transição da minha *coachee* que era para acontecer em 12 meses aconteceu em menos de 6 meses. Isso foi incrível para todos, inclusive para mim que a acompanhei ao longo da jornada.

Isso só aconteceu porque o casal compreendeu a importância do alinhamento, ou seja, de alinharem valores às suas metas e expectativas de vida. Isso é realmente transformador e libertador.

Convite

Assim sendo, quero fazer um convite para que você possa buscar se aprofundar cada vez mais no tema, compreender a relevância disso em sua vida e estar à frente das próprias decisões. Não mais como alguém que reage diante de uma circunstância, mas como alguém que, de forma proativa, se prepara para tomar decisões da maneira mais assertiva possível. Conhecer seus valores não dá a garantia de que não vai errar mais, no entanto evitará uma série de decisões que anteriormente eram tomadas por impulso.

Conheça seus valores

Vamos conhecer quais são seus valores?

Saúde	Finanças	Trabalho	Relacionamentos	Espiritualidade
Energia	Estabilidade	Liberdade	Respeito	Gratidão
Equilíbrio	Abundância	Evolução	Honestidade	Plenitude
Conforto	Independência	Sabedoria	Crescimento	Deus
Bem estar	Conquista	Excelência	Comunicação	Humildade
Satisfação	Segurança	Crescimento	Amor	Fé
Alegria	Liberdade	Aprendizado	Equilíbrio	Compaixão
Longevidade	Sucesso	Dedicação	Liberdade	Contribuição

1. Observe a tabela. Nela, temos cinco áreas que consideramos serem as relevantes em nossas vidas. No primeiro momento, pedirei para que observe cada uma dessas palavras e sinta o que significam em sua vida.
2. Ao observar a tabela, selecione agora três valores que considera serem os mais importantes em cada uma dessas cinco áreas, ou seja, três na área de saúde, três de finanças, três de trabalho, três de relacionamentos e três de espiritualidade.
3. Agora, selecione aquele valor que você considera ser RELEVANTE em cada uma das áreas. Dessa forma, ao final, ficará com cinco valores.

Imagine uma estrela de cinco pontas, em que cada ponta se entrelaça.

Assim são seus valores. Estão isolados, não são únicos, porém são um conjunto de "normas" pelas quais escolheu seguir. Agora, ciente de quais são seus valores, poderá buscar e gerar alinhamento sempre que for necessário, seja diante de um relacionamento pessoal, uma escolha profissional ou até mesmo sua missão de vida.

4. Reflita o quanto se percebe alinhado, o quanto sua busca, sua missão, seus relacionamentos são congruentes a esses cinco valores que escolheu como sendo os mais importantes para você.

5. Caso se perceba desalinhado, não tem problema algum. Pelo contrário, a clareza vai proporcionar a você decisões para que justamente possa alcançar esse alinhamento. Agora, é com você.

Como tomou conhecimento sobre seus valores, compartilhe isso com as pessoas que fazem sentido em sua vida e lembre-se de que, possivelmente, as pessoas com as quais se relaciona também possuem valores diferentes. Então, diante de qualquer situação, antes de julgar o outro, lembre-se de que ele pode estar agindo ou reagindo a uma determinada forma apenas porque os valores dele são diferentes dos seus. Portanto, para respeitarem seus espaços, vocês precisam apenas gerar alinhamento de expectativas para que tenham vidas mais plenas e felizes.

Despeço-me desejando que possa, assim como meus *coachees*, se sentir livre para ser apenas VOCÊ MESMO.

Porque assim como imagina em sua alma, assim ele é.
Provérbios 23:7

22

A FORÇA DO PROPÓSITO

Encontrar o seu propósito não é mágico, é uma jornada. Está nas observações cotidianas, pautadas no autoconhecimento e é o caminho para viver uma vida plena e feliz. É um olhar de dentro para fora, conectado à sua essência e a seus valores, que o impulsiona a ser o seu melhor. Este capítulo é um convite para inspirar a buscar o seu sentido e a construir a história que você realmente quer viver.

TÂNIA NEGRÃO

Tânia Negrão

Master coach de carreira & *executive e positive coach*. Apaixonada por autoconhecimento e desenvolvimento humano. Atua na área de Desenvolvimento de Carreira com Propósito, Transição de Carreira e Psicologia Positiva. Acredita fortemente na construção de uma carreira que traga grande realização profissional, com equilíbrio entre os diversos pilares da vida e que esteja alinhada com propósito e valores pessoais. Inspirar e ajudar as pessoas a descobrirem suas forças e potencialidades para construírem uma vida mais feliz e significativa é o que a move. Certificada em *Master Coach* Criacional, com especialização em: Carreira & *Executive*, *Coaching* Avançado, em Perfil comportamental e em Saúde e Bem-Estar pelo IGT Coaching. *Leader Coach* pelo IGT Coaching. Certificada em *Positive Psychology Coaching* pela Sociedade Brasileira de Coaching e *Chief Happiness Officer* pelo Instituto Feliciência. Membro da Sociedade Brasileira de Coaching. Farmacêutica graduada pela UNESP com pós-graduação em Homeopatia.

Contatos
tanianegraocoach@gmail.com
Instagram: @tania_negrao
LinkedIn: linkedin.com/in/tncoach
24 99984 2305

Era início da tarde de um dia comum de semana, voltava para mais um período de trabalho. Mil pensamentos passando pela cabeça, de tudo que tinha para fazer. Havia uma praça no meu caminho e, ao olhar para lá, vi uma cena que chamou minha atenção e me tirou daquele mundo de pensamentos em que estava mergulhada. Vi uma pessoa sentada sobre uma toalha de piquenique, à sombra de uma linda árvore, lendo um livro. Confesso que nunca havia sentido vontade de trocar de lugar com alguém, mas naquele momento foi um desejo muito forte.

Como queria estar debaixo daquela árvore, unindo duas paixões, o contato com a natureza e um bom livro! Este foi um primeiro sinal de que algo não ia bem e eu deveria ter prestado mais atenção. Ter olhado para dentro e me perguntado: por que esta cena tão simples, que passaria despercebida para outras pessoas, me causou um impacto tão profundo?

Mas não fiz, afinal tinha horário e uma agenda cheia para cumprir. Era farmacêutica-bioquímica e proprietária de uma farmácia homeopática. Desempenhava vários papéis, como a maioria das mulheres. Queria ser a melhor mãe, melhor esposa, melhor filha, melhor profissional, melhor amiga, melhor dona de casa e me esqueci de olhar para mim. O que era também ser melhor para mim.

Tinha muita dificuldade em dizer "não". Dizia sim para as pessoas, mesmo quando não podia, pelo medo de desagradar. E, ao mesmo tempo, não percebia que, ao fazer isso, estava dizendo não para mim mesma. Me faltava clareza. Clareza que não tive em muitos momentos da minha vida e simplesmente me deixei levar. Hoje tenho plena consciência disso. Quando fazemos escolhas sem autoconhecimento e clareza dos objetivos, nos baseamos no externo e de certa forma permitimos que outras pessoas ou as circunstâncias sejam autoras da nossa história. Terceirizamos algo fundamental, a gestão da nossa vida.

Sem perceber, jogamos a responsabilidade para o outro, uma forma inconsciente de não sermos responsáveis se der errado. Ou esperamos a mudança do outro para começarmos a nossa, sendo que a mudança que queremos na nossa vida só acontece a partir da nossa mudança. Contamos tantas histórias a nós mesmos e somos tão criativos que acreditamos nelas e vamos nos perdendo de nós mesmos. Não assumimos nossa autorresponsabilidade.

Ficar na zona de conforto, na maioria das vezes, não é tão confortável assim, mas como é conhecida, nos acomodamos. A maioria de nós tem muito medo do desconhecido e se conforma a viver uma vida ordinária. Não percebemos que só saindo da zona de conforto é que as coisas começam a acontecer.

A pergunta que deveria ter feito lá atrás é: o que você quer, Tânia? E por que isso é tão importante para você? E deixar a resposta vir a partir da escuta da minha alma e do meu coração.

Autoconhecimento é sinônimo de lembrança de nós mesmos. É um processo para estarmos alinhados com nossa essência, com quem realmente somos. Buscamos tanto fora o que só encontramos dentro. E se não estivermos alinhados com nossos valores, com o que é importante para nós, não importa, muitas vezes, o tamanho do sucesso que conquistamos, continuamos carregando uma angústia. Sabemos que há algo errado, mas não conseguimos identificar o que é e seguimos em frente. Fingimos que não estamos vendo o incômodo. Por alguma razão, existe medo de olhar para dentro e enxergar a realidade.

A farmácia tinha sucesso. Eu era considerada uma excelente farmacêutica, mas não estava feliz. Sentia-me perdida, ansiosa, faltava algo, só não conseguia identificar o quê.

Não é fácil dar um passo diferente, fazer grandes mudanças. Deixar uma formação acadêmica, uma empresa, encarar o julgamento das pessoas, principalmente a possibilidade de desagradar quem amamos com nossas decisões. Então continuei não querendo enxergar. Mas chega um momento que a vida nos traz um desafio maior e precisamos nos mover. Infelizmente, é assim que funciona: em geral, é o sofrimento que gera o impulso para transformação. A mudança normalmente chega por uma grande crise existencial, uma depressão, uma grande perda ou uma doença. No meu caso, foi a síndrome do pânico. Foi o grande impulso para eu buscar a transformação.

A doença geralmente é uma grande sinalização de que algo não vai bem, que precisamos corrigir rotas, ajustar as velas, fazer mudanças, seja na vida pessoal ou profissional.

Quem já teve síndrome do pânico sabe o quão terrível é. A crise de ansiedade aguda ocorre a qualquer instante e é aterrorizante. Mas talvez se isso não tivesse acontecido, eu estaria ainda no mesmo lugar. Foi um grande ponto de virada. Não foi fácil. Primeiramente aceitar que aquilo estava acontecendo comigo e buscar ajuda. Busquei tratamento médico, claro, mas também mergulhei no autoconhecimento, queria entender o que estava acontecendo e como me libertar disso. Decidi que não ia ser refém da doença, precisava fazer mudanças. Nesse momento, assumi a minha autorresponsabilidade.

Nas crises descobrimos nossas maiores forças. Num primeiro momento você não vê luz no fim do túnel, mas depois descobre que a luz está dentro de você. E o que está acontecendo não a define, o que define é a forma como reage ao que está acontecendo. Toda crise tem uma grande pergunta da vida para nós. E eu queria entender qual era a pergunta - mais do que isso -, encontrar a resposta dentro de mim.

O primeiro passo foi assumir a autorresponsabilidade. O que estamos obtendo de resultado em nossa vida é fruto das nossas escolhas e ações, e também das nossas não escolhas, porque não escolher também é uma escolha. Não temos como impedir que algumas coisas aconteçam na nossa vida, muitas independem de nós, como foi a pandemia, que ninguém jamais imaginava que aconteceria algo assim em 2020. Mas está em nossas mãos, é nossa escolha decidir como vamos reagir ao que nos acontece. É uma decisão.

O segundo passo é o autoconhecimento, um olhar para dentro. Sabia o que não queria mais. Decidi fechar a farmácia, queria ter mais equilíbrio nos pilares da minha vida, mais liberdade de horários, ficar mais tempo com minha filha, tempo para me aprofundar no autoconhecimento e no desenvolvimento humano, algo que sentia que fazia parte do meu caminho. Descobrir o que realmente queria, me reconectar comigo mesma. E a partir desse lugar, fazer escolhas.

Essa decisão não foi fácil, nem rápida. Demorei um ano para ter a decisão resolvida dentro de mim e realmente tomar a atitude concreta. Uma escolha sempre tem perdas e ganhos. Só precisamos ter clareza de que o que vamos ganhar é mais importante para nós do que o que vamos abrir mão.

Nessa caminhada, resolvi fazer uma formação em *coaching*. Queria ter feito há muito tempo, mas nunca tinha tomado a decisão. Só ficava no queria. Na formação, me emocionei muito e tive a certeza de que aquele era meu caminho. O *coaching*, por meio da sua metodologia, cientificamente validada, me ajudou no autoconhecimento, planejar o caminho e entrar em ação. Percebi o quanto nos sabotamos durante nossa vida e nos paralisamos. É aquela vozinha interna que fica nos dizendo:

"Você não vai conseguir."

"Você não é bom o suficiente."

"O que os outros vão dizer?"

"Você está velho para fazer mudanças, para começar de novo."

"E se você fracassar?"

E o pior, acreditamos nela.

Precisamos ter coragem de nos explorarmos, de expandirmos, de ampliarmos nosso olhar. A sociedade, na maioria das vezes, nos ensina a ter medo e, em função disso, muitas vezes não aceitamos as oportunidades que a vida nos traz.

A clareza do que queremos para nossa vida é fundamental para nossa jornada. Imagine um grande quebra-cabeça de mil peças, no mínimo. Se você não tem a foto dele ao lado, será quase impossível montar ou perderá tempo demais. Ter clareza do que quer realizar é como ter a foto do seu quebra-cabeça. Você sabe qual peça escolher e sabe para o que precisa dizer não para alcançar seu objetivo. As escolhas ficam mais congruentes, mais alinhadas com nossos valores, pois a cada decisão a pergunta a ser feita é: isso faz parte do meu quebra-cabeça? Se não, por mais atrativo que seja, a resposta é não, porque vai nos distanciar do que realmente queremos para nós.

Manter o foco não é somente dizer sim, mas principalmente dizer não ao que nos afasta de nossos objetivos. Ser quem realmente somos requer coragem. Coragem de sermos imperfeitos, de sermos julgados, de não sermos aceitos, de não pertencermos. Coragem de sair do piloto automático, sair da nossa zona de conforto, de olhar para nossos erros, para nossas emoções, de corrigir rotas, de mudar nosso caminho, se não estivermos felizes. Autenticidade requer coragem, mas ao mesmo tempo é tão libertador.

O *coaching* me proporcionou essa clareza, a conexão comigo mesma. Entendi o porquê estava infeliz na farmácia. Tinha me afastado do meu propósito, do que me motivava a levantar todos os dias, do que era importante para mim. Queria maior equilíbrio entre os pilares da minha vida e inspirar as pessoas a viverem o seu melhor.

Entender os motivos que nos fazem levantar todos os dias é fundamental, porque traz uma motivação intrínseca, uma motivação interna consistente capaz de nos manter rumo à nossa realização. A percepção da nossa razão de ser e de viver dificilmente estará completa se não formos congruentes com quem somos e com o que fazemos. Somos seres integrais, não tem como separarmos quem somos dos aspectos profissionais.

O trabalho pode ser mais que um meio para prover coisas e pagar contas, pode ser algo que permite a manifestação da nossa essência e que fazemos com prazer por ser um meio de realizarmos nossa missão no mundo. Muitas pessoas passam a vida trabalhando em algo de que não gostam ou onde seus valores internos estão sendo feridos, esperando o tempo que vão poder usufruir quando se aposentarem. Tempo é vida, não devemos desperdiçá-lo.

Propósito nos traz um novo olhar. A felicidade não está associada necessariamente ao que fazemos, mas por que fazemos o que fazemos. E isso muda tudo, traz brilho nos olhos, traz engajamento, pertencimento.

Como encontrar nosso propósito? Esses passos podem ser um começo.

1. 1.Comece a olhar para seus pontos fortes, suas forças, suas habilidades naturais, suas qualidades. Estamos tão acostumados a olhar para nossas fraquezas, o que precisamos corrigir, que deixamos de olhar para o que temos de melhor em nós. Quando utilizamos nossas forças, nos energizamos, nos potencializamos, aumentamos nossa produtividade, nos sentimos mais engajados e, consequentemente, mais felizes.
2. 2.Liste o que faz bem, atividades que são significativas para você e que, quando está realizando, nem percebe o tempo passar.
3. 3.Liberte-se de ideias antigas, preconcebidas. Amplie seu olhar. Um crachá ou uma profissão não nos define. Somos maiores do que imaginamos. E o que fez sentido lá atrás, hoje pode não estar fazendo mais. Tenha coragem de ir em busca do que quer para sua vida. Muitas vezes precisamos deixar o bom para perseguir o ótimo.
4. 4.Reflita sobre o que o mundo necessita e que você tem habilidade para ajudar a solucionar. Qual legado quer deixar para o mundo? Quando estiver bem velhinho, que histórias terá orgulho de contar?

O propósito vai além de nós. E necessariamente não precisa ser grandioso, basta fazer sentido e impactar positivamente o meio em que vivemos. Encontrar nosso propósito é um passo fundamental para que possamos montar um planejamento de vida que esteja alinhado ao que valorizamos. É uma jornada, mas o que nos frustra não é não alcançar nosso objetivo, é não estar caminhando em direção a ele.

Celebrar cada passo do caminho é essencial. Muitas vezes condicionamos nossa felicidade somente a grandes realizações e deixamos de vivenciar o agora, o momento presente. Momentos que não serão vividos depois. Segundo Aristóteles, para sermos felizes é necessário que utilizemos nossos talentos na potencialidade máxima, e que também satisfaçamos os nossos valores.

O propósito maior do ser humano é amar, a si mesmo e ao próximo. Só precisamos encontrar, por meio desse propósito, a forma como esse amor será entregue, e isso é de cada um, vem de dentro e transborda. Cada um ocupando seu lugar no mundo e contribuindo para um mundo melhor.

O *coaching* foi fundamental para minha reconexão. Encontrei o sentido da minha vida, ajudando e inspirando as pessoas a encontrarem o próprio sentido, a descobrirem suas forças e potencialidades, para construírem uma carreira alinhada com seu propósito e viverem uma vida mais significativa e feliz.

O propósito é esta fonte inesgotável de energia, que nos permite avançar em sintonia com nossa essência, independente dos desafios. Como disse Viktor Frankl, sobrevivente de Auschwitz e fundador da Logoterapia: quem tem um Porquê, enfrenta qualquer.

Como *coaching* também é movimento, te convido agora a escrever uma meta para entrar em ação e ir em direção aos seus objeivos. E se ainda não tem essa clareza, busque autoconhecimento. Tenha coragem de ser você mesmo e construir a história que quer e terá orgulho de viver.

Dá o passo que o universo coloca o chão embaixo.

Referências

BABA, S. P. *Propósito: a coragem de ser quem somos*. Rio de Janeiro: Sextante, 2016.

FRANKL, V. E. *Em busca de sentido: um psicólogo no campo de concentração*. São Paulo: Vozes, 2017.

CRIATIVIDADE INVENTADA OU INVERTIDA

Essa é uma provocação para tratar de criatividade de forma simplista, sem perder a prerrogativa da qualidade dessa visão, alternando conceitos acadêmicos com toques de humor. Tudo isso para que o leitor não desista pelo caminho. Confesso que foi um grande exercício de "criatividade raiz", pois sempre me achei cheio de criatividade, até chegar a hora de usá-la.

ANDRE L. ARANTES

Andre L. Arantes

É *Stand Uper*, palestrante motivacional, especialista em criatividade, produtividade e desenvolvimento humano. *Coach* formado pelo IBC e *master coach* pelo Instituto Holos. Formado em Marketing pela UAM, Gestão de Vendas pela UNIVERSAS, MBA em Psicologia Positiva pelo Instituto IPOG. É Doutor Cidadão (Palhaço de Hospital) pela ONG Canto Cidadão. Autor do livro *Pássaro urbano* e compositor. Atuou por mais de 30 anos na área comercial de grandes empresas. Fundador da Fomos & Somos — consultoria em desenvolvimento humano, que usa a linguagem do humor para transformar vidas (*Stand Up* Corporativo).

Contatos
www.fomosesomos.com.br
andrearantes1000@gmail.com
Instagram: @andrearantesbr
11 9767 44958

Criatividade invertida é um termo que não existe. Foi inventado. Eu o criei para dar "luz" a um pensamento central que trago para este livro de especialistas em comportamento humano que certamente chegará às mãos de centenas de pessoas e fará a diferença na vida de cada uma delas. Assumi o risco de inserir esse termo "invertida" para discorrer sobre o que chamo de "sequestro do criação" que sofremos ao longo de nossas vidas. Durante o período da nossa educação (que não foi pequeno), em média de 20 anos, sofremos uma padronização sistêmica do pensamento. Um ensino cartesiano, linear e baseado nas heranças da revolução industrial que visava a padronização em tudo. Era a atmosfera de avaliar o ser humano pelo "ter" e não pelo "ser". Pelo certo ou errado, pelo bom ou ruim, pelo melhor ou pior.

Tudo para se ter um padrão. Não sou contra padrões, mas sim contra a falta de liberdade criativa. A cartilha da escola sempre nos aplicou padrões de aprendizado. A sala de aula que permitia desigualdade comportamentais, a grade curricular que nivelava a capacidade de interesse de cada um e a meritocracia da avaliação do indivíduo contribuíram para que nossa criatividade fosse deixada de lado por muitos momentos.

Tínhamos horário para pensar sobre um determinado assunto. Isso era sacal. Imagine uma sala de aula fictícia. Nesta sala, havia diferentes tipos de personalidades e aptidões. Estavam presentes os alunos: Madre Tereza de Calcutá, Maradona, Pablo Escobar, Bill Clinton e o "desligado" da sala, que era o Sr. Sebastiao Salgado (aqui não se respeitou a ordem cronológica e espacial).

A aula era de Português seria ministrada pela professora Clotilde (em memória da melhor professora que eu já tive). Ela foi minha professora na 5ª série. Embora ela fosse bem baixinha, havia uma rigidez muito grande na sua voz e no seu propósito de ensinar *português*.

Ela certamente desconhecia que a *Tereza* era uma menina de alma benevolente, que o garoto barrigudinho argentino só queria jogar futebol, que o grandalhão *Bill* se portava como o líder da sala e que *Pablito* já estava envolvido com entorpecentes. Inclusive às vezes oferecia para *Dieguito* que só queria jogar futebol. Já Tião, ficava encantado com a luz que entrava pela janela. Todos muito diferentes uns dos outros. Cada um no seu quadrado e com sua devida importância a ser deixada para a humanidade.

Este formato de aula não era culpa da Clotilde. Ela precisava cumprir a grade curricular. Ensinava próclise, mesóclise e ênclise para todos, inclusive para, *Pablo Escobar*. E assim ela o fez. As aulas eram "desinteressantes".

O processo criativo só era estimulado pelas redações. Ainda assim eram criticados quando apareciam erros gramaticais. A gramática vencia a inspiração.

O padrão silenciava a chama interior de cada um no seu processo inspiracional.

A criatividade só consegue ser medida depois de aplicada.
Andre Arantes

Aqui encontramos o primeiro pilar da criatividade: aceitação.

Confúcio ou Confuso?

Escolhe um trabalho de que gostes e não terás que trabalhar nem um dia na tua vida.
Confúcio

Escute o que te mandam fazer e não terás que trabalhar um único dia na sua vida, mas sim todos.
Andre Arantes

Anos depois li que alguém já estudava sobre as diferentes inteligências (Howard Gardner) e que outro também nos definia como não só mais um QI (Coeficiente Inteligência), mas também por demais critérios existenciais do ser humano. Como, por exemplo, QE, QS, QF (emocional, espiritual e físico), teoria de Stephen Covey no livro *8º hábito de pessoas eficazes*.

Certa vez, a Clotilde ia sortear um ingresso para o *Playcenter* para os alunos da minha sala de aula (infelizmente, os mais jovens nunca saberão o que era isso). Ela pegou um saquinho de supermercado, colocou os papeizinhos com os nomes e sacudiu para misturar.

Achei aquele improviso algo extraordinário. Como o saquinho de supermercado que minha mãe usava para levar as frutas também servia para sortear *sonhos*? Sim, servia. E para meu completo êxtase daquele aprendizado, ainda foi meu nome que ela sorteou. A criatividade traz bons frutos.

Hoje vejo quase tudo de forma criativa. Isso criou um padrão em mim. É o que chamo de "Efeito Montanha-russa" (você tem de acreditar que haverá trilhos depois daquela subida insana). Assim, fica mais fácil se liberar para se "acriançar" de esperança e se divertir enquanto espera, criando sinapses positivas. A ideia surge de um estado de liberdade. Quantas vezes racionalizamos contra nosso processo criativo, ainda herdados dessa nossa corrida pelo enquadramento social? Pois bem, enfim, tudo é diferente demais para ser igual.

A criatividade é mais diferente ainda, pois ela é a liberdade para essas diferenças. As pessoas acham que para serem criativas precisam romper a barreira do som ou inventarem uma nova forma de energia ou, quem sabe ainda, um alimento que se autoproduz sem retirar nada da natureza. Isso é inovação, que também é criatividade. Inovação é tudo que foi criado para gerar resultados econômicos. Criatividade é mais ampla e livre.

Geralmente as pessoas criticam o andamento das "obras", mas estão prontas para elogiarem obras *prontas*. Esse ponto de vista de criticidade é baseado em experiências, inferências, conhecimentos, lógica e percepções de cada um. O que se intitula como "certo", costumo dizer que a única certeza é a morte. Antes disso, tudo é experimental.

Todo ponto de vista é a vista de um ponto. O ponto em questão é exatamente aceitar isso como a causa-raiz de nossa evolução. São as diferenças que fazem expandir por meio de seus questionamentos. A diferença faz crescer e a criatividade é a busca por essas diferenças.

"O Ponto de interrogação(?) é mais criativo que o ponto final (.)". (ANDRE ARANTES)

Devemos nos manter atentos à aula e otimistas para os "sacos da Clotilde". Nunca sabemos o que pode sair de lá.

Aqui encontramos o segundo pilar da criatividade: liberdade.

Não quero polemizar nada, somente propor um olhar prático. Inversão não tem nenhuma semântica alusiva com invenção, embora, pela similaridade sonora, pareça ter. Essa mera sugestão gera amplas possibilidades de quebra de padrões criativos. Veja:

Inversão = Mudar o foco, esconder, trocar de lado.
Invenção = Manter o foco, mostrar, manter.

E não é que deu certo? Ambos contribuem para a criatividade. Aproxime palavras e expressões, com prefixos, sufixos e radicais e dê um *duplo twist carpado* em seu processo criativo. "Se você se ocupar, você trocará estar preocupado por estar preparado". (ANDRE ARANTES) Não existe "pensar fora da caixa" para ser criativo; pelo contrário, temos que olhar de fora para ela e dentro dela. Está tudo na "caixa".

Todo mundo tem em casa uma gaveta de "tranqueiras". Geralmente fica em um móvel na sala. Arrisco dizer que nela estão "guardadas" coisas fúteis como vela, lanterna, pilha, envelopes, chaves, bloquinhos, canetas, controle remoto de portão, *clips* e muito mais. O fato é que precisamos ter um lugar para acumular coisas pequenas que não usamos tanto ou nem usamos mais. Guardamos porque imaginamos que nossa necessidade é infinita e não sabemos se queremos nos desfazer delas. Dá muito trabalho organizar tudo, mas, se precisarmos, saberemos se temos alguma coisa parecida na nossa gaveta "infinita".

Olhar de cima para gaveta é respeitar tudo que está nela. Se as "caixas" forem sempre deixadas de lado, de onde surgirão a combinação das ideias? Buscar encher nossa caixa (gaveta infinita) com mais insumos, *insights* e *inputs*. Cada nova experiência, cada novo assunto, cada nova visão nos coloca frente a frente com novas percepções e, por consequência, novas sinapses neurais e novas soluções.

Os conhecimentos não são os mesmos. Os receptores não são os mesmos e, muito menos, os interlocutores. As pessoas mudam o tempo todo mesmo se dizendo inertes. Acredite, há uma infinidade dessas combinações. "Um mesmo assunto, quando olhado novamente, pela mesma pessoa que o apresentou, nunca é o mesmo assunto. Pois a pessoa que o olhou novamente já não é mais a mesma pessoa que o apresentou". (ANDRE ARANTES)

Aqui temos o terceiro pilar da criatividade: humildade.

Nascemos pelados, carentes de roupas, de consciência e de julgamentos. É isso que faz da criança um ser tão puro, lindo e perigoso (uma criança tende a pôr em dúvida muitas das coisas que achávamos como certas e outras tantas como verdades). Uma criança mantém o espírito desbravador, de descobridor e de curiosidade ampla pelas coisas. Um fato a ser observado de, preferência, sem julgamentos.

Lembro quando minha filha Giovanna tinha uns 3 anos. Hoje ela tem dezesseis. Eu ficava a observando em seu processo criativo de "brincar". Era muito doido, amável e divertido. Enquanto brincava, sempre abandonava o brinquedo novo, por mais colorido e fantasioso que fosse, e ia brincar com as "caixas" dele. (*Nesse caso era caixa mesmo*). Ela gostava de empilhá-las de uma forma quase que desordenada do ponto de vista estético e físico. Parecia o jogo Tetris. Fazia pilhas enormes, que desafiavam a física que me ensinaram nas aulinhas do Ensino Médio. Eu admirava sem questioná-la e simplesmente a deixava fluir. Essa liberdade criativa fazia dela a melhor arquiteta que pude presenciar tão de perto. Então, o que acontece com nossas crianças? "A criança faz de conta e o adulto só faz conta ou se preocupa em contar o que faz". (ANDRE ARANTES)

Aqui temos o quarto pilar da criatividade: habilidade.

Todos, sem exceção, nascemos criativos. Ela é natural, instintiva e protetora, além de abençoada pelo próprio Criador (não podia ter adjetivo melhor para "Ele"). Um dos maiores estudos sobre as virtudes humanas, conduzidos pelo Mr Martin Selligman (PHD e fundador da Psicologia Positiva - década de 90), aponta a criatividade como uma das 24 Forças de Caráter dos seres humanos. E isso independentemente de condição social, religião e qualquer outra coisa separatista que criamos ao longo dos tempos.

O que mais tem no mundo hoje é informação. Com isso, a rapidez de nossas buscas (*Google*) nos tira a capacidade de questionar mais a fundo. Pesquisar não é consultar. Perdemos nosso olhar crítico sobre o que recebemos e, então, surge a superficialidade exagerada em tudo. Sabemos de tudo um pouco, mas não conhecemos tudo de quase nada.

Na época dos nossos ancestrais, tínhamos poucas escolhas e pouca proteção. Por isso, nos mantínhamos alerta o tempo todo. Era comer, dormir e fugir. O sistema reptiliano reinava sozinho. Com o tempo, começou surgir a escassez (psicológica) devido ao modo confortável que fomos aprendendo a viver, ou pelo menos buscar.

O aprendizado adquirido em estágios anteriores subsidiou decisões para novas tentativas. Não para quem foi devorado, mas para quem presenciou aquela cena. A observação foi e é fator determinante para a nossa evolução.

Enquanto estávamos em uma zona de conforto, pouco criávamos. Quando passamos a ver "perigo" na nossa própria raça, despertamos nossa necessidade criativa. A necessidade de procriar e de se proteger que nos acompanha desde os primórdios são as maiores fontes de inspiração para a criatividade. Nossa habilidade para criação vem gravada em nosso DNA. Conhecer de onde viemos é o primeiro passo para escolher para onde queremos ir. Nesse processo, os questionamentos são cruciais.

Aqui temo o quinto pilar da criatividade: curiosidade.

Existe um filme chamado *O Curioso caso de Benjamin Button*", de 2008, do diretor David Fincher. Ele mostra muito bem como deveria ser nossa vida. No filme, o personagem central nasce velho fisicamente e cru de experiências. Com o decorrer do tempo, vai rejuvenescendo e se desenvolvendo mentalmente e socialmente. Em resumo, quanto mais sábio, mais jovial para aproveitar o que a vida física pode oferecer. No filme, Brad Pitt faz o papel de Benjamin Button. Todos querem ser Brad Pitt, mas não é bem assim. Que bom que não seja, pois, se fosse, aumentaríamos nossa arrogância existencial.

Essa talvez seja a única parte ruim da nossa criatividade. Poder demais. Mesmo sabendo que ainda estamos nas "fraldas" de um entendimento mais amplo do universo e nossa existência. A bomba atômica, por exemplo, é uma dessas estupidezes criativas. Esta é inclusive uma obra da criatividade humana que nunca deveria ter saído da "caixa".

Fomos tão afoitos e desesperados para conquistarmos o espaço que, sem perceber, criamos o maior "espaço" que poderia existir: o da ignorância entre os homens. Ao invés de aproveitar o bem natural que somos, fomos atrás do mal artificial gerado pelo que queremos ter. "Criamos o mal que nos derruba, a escassez que nos afronta e a estupidez que vai nos exterminar". (ANDRE ARANTES)

Aqui temos o sexto pilar da criatividade: responsabilidade.

Enquanto livres para brincar, inventávamos *castelos* na nossa imaginação. Colocávamos dragões para serem vencidos, viagens épicas pelos sete mares e batalhas imaginárias com inimigos interplanetários. Dávamos poderes de invisibilidade para os mais fracos e classificávamos os nossos personagens como heróis ou vilões, mocinhas ou bandidos, vencedores e vencidos. Era fácil criar, mas difícil se lembrar de tudo que idealizávamos.

No final disso tudo, só queríamos congelar o tempo, pois ali estava um estado de "*flow*", o qual nada ao redor tinha mais importância do que o processo criativo empregado naquela experiência momentânea, que mentalmente parecia durar milênios. A transposição do tempo e espaço parece ser uma característica mágica do processo criativo da criança.

Minha filha adorava um desenho chamado *Backyardigans,* 5 bichinhos coloridos que brincavam em seus quintais e imaginavam grandes epopeias que se configuravam em aventuras quase que reais, até que a fome batesse em seus estômagos, pois chegava o horário do lanche da tarde. Histórias cheias de vida, imaginação e amor.

Aqui temos o sétimo pilar da criatividade: amor.

Sequestramos de nossas crianças esse talento tão eminente e promissor. Não é um sequestro criminoso, doloso ou culposo. Ele é danoso. Inclusive para nós mesmos, que teremos que conviver com adultos limitados e frustrados. Exemplo: imagine uma criança de três anos. Ela sobe no sofá de casa e seus pais imediatamente lançam sobre ela um olhar corretivo e uma ordem: "desça daí, você vai cair e vai rachar a cabeça" ou "você vai sujar o sofá".

Ora bolas! Você cai de qualquer lugar que esteja acima da superfície e, se por acaso você sujar o sofá, é só limpá-lo. Pergunto: "como anda aquele sofá *intocável* que seus pais protegeram com unhas, cintas e dentes durante sua infância *maldita?*" Os sofás podiam ser velhos ou novos, mas velhos mesmo eram os hábitos. Repetimos padrões de comportamento sem questioná-los.

Segundo Marshall Rosenberg, psicólogo criador da CNV (comunicação não violenta), vivemos o jogo da razão. Onde sempre buscamos quem está com a razão? Se estiver certo, são recompensados. Se estiverem errados, igualmente punidos.

Cair do sofá ou sujá-lo é uma probabilidade real. Antes de proibirmos, que tal investigarmos primeiro? Que história está por trás daquela aventura? O sofá seria o "Everest" ou uma torre de um castelo para salvar a princesa?

Quanto desperdício de criatividade e quanta amargura nessa nossa ignorância. Nos colocamos diante da TV para ver um *reality* sobre a vida dos outros, mas somos incapazes de ouvir o que uma criança inocente e inovadora tem a nos mostrar. Perdemos a chance de fazer adultos confiantes, criativos e fortes para as intempéries da vida. Então, reclamamos que a sociedade está apática, ansiosa, violenta e medíocre diante do que chamamos de propósito de vida. "Troque o EGO pelo LEGO. Você vai se divertir mais e se machucar menos". (ANDRE ARANTES)

Aqui temos o oitavo pilar da criatividade: simplicidade.

Procuramos um sentido para a vida, mas perdemos o sentir que a vida nos dá. Para sermos de novo criativos, precisamos aprender a calar a voz de nossos "pais". Não pode. A começar pelos novos hábitos e novas formas de ver as coisas.

Parar de buscar aceitação para cada gesto, cada ato ou palavra dita. Chega de ver a razão se sobrepor à intenção. Um mestre budista diz mais com o seu silêncio do que o vendedor de bíblias tentando convencer sobre sua mercadoria. Na minha visão, as palavras são como moedas. Quanto mais você fala, mais você esvazia o cofre, no caso, a "caixa". Você está gastando do pouco que tem (pouco no sentido de que há muito mais ainda para conseguir. Essa é a esteira da vida). Ouvir alimenta. Falar gasta energia e mantém seu portfólio.

"Para mim, tem mais poder quem ouve algo do que quem acha que houve algo". (ANDRE ARANTES). Ouvir é uma boa prática a se adotar. A criatividade passa pelo acesso intermitente desses *inputs*.

Aqui temos o nono pilar da criatividade: combinatividade

(*Termo criado por Murilo Gun, especialista em Inovação*).
Seja leve e otimista. Sua vida já é um milagre.
"Tudo é possível quando é sentido ou quando faz sentido". (ANDRE ARANTES)

Aqui temos o décimo e último pilar da criatividade: otimismo.

Referências

CATMULL, E. *Criatividade S.A.: superando as forças invisíveis que ficam no caminho da verdadeira inspiração*. 1. ed. São Paulo: Rocco, 2014.

COVEY, S. R. *O 8º hábito: da eficácia à grandeza*. 1. ed. Rio de Janeiro: Alta Brooks, 2019.

FORTINO, C. *O Livro da psicologia*. 2. ed. Rio de Janeiro: Globo Livros, 2012.

GARNER, H. *Inteligências múltiplas: a teoria na prática*. São Paulo: Artmed, 2012.

GELB, M. *Aprenda a pensar com Leonardo Da Vinci: sete passos para o sucesso no seu dia a dia*. 1. ed. São Paulo: Ática, 2000.

AUTOCONHECIMENTO E TRANSFORMAÇÃO: EIS POR QUE TODO MUNDO MERECE TER UM *COACH*

A curiosidade por diversos temas me trouxe o universo do *Coaching*. Ao enfrentar um desafio profissional, verifiquei a necessidade de procurar um *coach* profissional que me ajudou a encontrar as crenças limitantes e demais aspectos que precisava melhorar para me tornar uma pessoa que sabe qual é a missão de vida e com isso buscar o caminho do autodesenvolvimento. Percebi, ao passar pelo processo de *coaching*, a importância do autoconhecimento e que as respostas às perguntas poderosas estão dentro de mim, cabendo ao *coach* formulá-las e gerar a reflexão do *coachee*. Então, por que todo mundo merece ter um *coach*? Pela oportunidade do autoconhecimento por meio de perguntas poderosas e ferramentas que nos levam a ampliar a percepção do nosso papel no mundo e, assim, aprender a conviver melhor tanto no âmbito profissional, quanto no pessoal e, por meio desse processo, propiciar um passo a mais para a nossa evolução como ser humano.

CARLA VALICEK

Carla Valicek

Formada em Direito pela Faculdade de Direito Milton Campos, Minas Gerais. Pós-graduada em Direito Penal e Processual pela Universidade Gama Filho. Pós-graduada em Direito Público pela Universidade Católica de Minas Gerais. Servidora Pública Estadual. *Coach* pelo Instituto Brasileiro de COACHING – IBC. Certificada em *Professional & Self Coaching*, *Leader Coach, Life Coach*, Analista Comportamental e *Advanced Coaching* 360 do INNER – Human Potencial Development Institute.

Contatos
carla0823@gmail.com
Instagram: @carlavalicek.coach

> *Na infinidade da vida onde eu estou,*
> *tudo é perfeito, pleno e completo.*
> *Minha vida é nova.*
> *Cada momento da minha vida é novo, fresco e cheio de vitalidade.*
> *Eu uso meu pensamento afirmativo para criar exatamente*
> *aquilo que eu quero.*
> *Esse é um novo dia. Eu sou um novo eu.*
> *Eu penso diferente. Eu falo diferente.*
> *Eu ajo diferente.*
> *Os outros me tratam diferente.*
> *Meu novo mundo é um reflexo da minha nova*
> *maneira de pensar.*
> *É uma alegria e uma delícia plantar novas sementes,*
> *pois eu sei que essas sementes se tornarão*
> *minhas novas experiências.*
> *Tudo está bem no meu mundo.*
> Louise Hay

Sempre tive muita curiosidade sobre vários assuntos. Percebi que, quanto mais a gente se conecta com pessoas diferentes, temas diferentes, culturas diversas, mais trilhamos o rico caminho do conhecimento.

Durante essas explorações, encontrei o *coaching*. Não é de se espantar que fiquei curiosa para saber do que se tratava. Há muitos anos, quando ainda estava surgindo aqui no Brasil, li alguns artigos sobre o assunto e confesso que achei inovador e interessante. Aí deixei de lado, pois naquele momento não estava aberta àquele conteúdo para a minha vida.

Vários anos se passaram e, ao me deparar com um desafio profissional, passei a fazer um curso de *coaching* on-line. Apesar de ser um excelente curso, senti que precisava vivenciar o processo comigo mesma. Então, resolvi que deveria procurar um *coach* profissional.

O mais curioso disso foi que, ao conversar com uma amiga, ela me disse que estava passando por um processo de *coaching* naquele momento e que, por meio dele, havia virado várias chaves tanto no contexto pessoal quanto no profissional.

Contei a ela sobre os meus estudos de *coaching* e que buscava um *coach* profissional visando aprimorar a minha percepção sobre como é, na prática, conhecer os métodos e ferramentas, aplicando em mim para depois atender de forma tranquila e com mais segurança os *coachees*.

Procurei um *coach* profissional. Iniciado esse caminho, percebi como o processo pode trazer várias mudanças e aprimoramentos. Passamos a enxergar os nossos dons e potencialidades sob outra perspectiva.

As sessões nos fazem ir em direção ao autoconhecimento e quebra de crenças limitantes e, ao fazermos as tarefas por diversas ferramentas utilizadas para se alcançar a alta performance, conseguimos entender que somos capazes de traçar e atingir as nossas metas.

Além de despertar a percepção no que diz respeito às crenças sobre mim mesma e demais aspectos pessoais, foram trabalhados vários pontos que alteraram a minha visão sobre liderança, auxiliando, assim, a gestão das emoções e, consequentemente, melhorando o meu desempenho tanto profissional quanto pessoal.

Primeiro desenvolvemos a nossa performance enquanto indivíduos, desconstruindo as nossas crenças limitantes e trabalhando o nosso potencial enquanto seres humanos que buscam a constante evolução.

Depois a alta performance, desenvolvida a partir das ferramentas que visam auxiliar frente aos desafios profissionais, ampliando a nossa visão sobre planejamentos e estratégias para uma melhor gestão do nosso tempo e projetos.

Consegui vencer várias adversidades e me tornar uma pessoa apta a resolver diversos conflitos internos e externos no ambiente familiar e de trabalho principalmente.

Desde então, vivencio a oportunidade de conhecer mais sobre o *coaching*, tendo terminado a formação on-line e uma das formações presenciais. Com isso, iniciei a minha jornada nessa seara tão interessante e profunda que nos leva à melhor versão de nós mesmos.

Você deve estar se perguntando: por que mereço ter um *coach*?

Afinal, o que é *coaching*?

Coaching é um processo pelo qual se parte do ponto A (estado atual) para o ponto B (estado desejado), por meio de ferramentas e técnicas que visam ressignificar as nossas crenças e valores a fim de se alcançar a nossa melhor versão. Este é um conceito bem geral.

Wilson Nascimento (2015) define *coaching* "como um processo em que um profissional (*coach*) auxilia seu cliente (*coachee*) a identificar seus objetivos e a definir quais ações irão leva-lo à sua realização, tanto quanto potencializar as ações em prol de um menor prazo para sua realização ou obter um melhor resultado. O *coachee* identifica seu estado atual e seu estado desejado. E, a partir de então, define os prazos e as ações para alcançá-lo".

Se aprofundarmos um pouco mais, perceberemos que o *coaching* vai muito além de sair do ponto A e chegar ao ponto B. Por meio dele, percorremos um caminho que nos leva a saber, de verdade, quem realmente somos e quais os nossos potenciais que estão prontos a florescer, que se encontram lá dentro, porém muitas vezes adormecidos, como uma semente apta para desabrochar.

Ainda conforme ensina Wilson Nascimento (2015), "algumas vantagens alcançadas com o processo de coaching na vida pessoal são a estruturação de nova carreira profissional, reconhecimento e rompimento de crenças limitantes e adoção de comportamentos positivos frente à vida. No âmbito profissional, podemos citar a melhoria da gestão do tempo, desenvolvimento de liderança e equipes de alta performance e comunicação".

Na correria do dia a dia, nos envolvemos nas mais diversas tarefas, dentro das nossas casas ou no trabalho e, muitas vezes, automatizamos tudo o que fazemos e o dia passa, os anos passam e nada de diferente acontece. Passamos décadas fazendo as nossas atividades sem percebermos que muitas já não fazem mais sentido, assim nos sentimos cansados e sem fôlego para mais nada.

O nosso trabalho pode se transformar num fardo e os nossos relacionamentos ficam desgastados e sem nenhum glamour. Muitas vezes perdemos a oportunidade de alçar novos voos e conhecer pessoas e lugares que farão toda a diferença na nossa existência. Muitas vezes não estamos utilizando os nossos talentos e pontos fortes por não acreditarmos mais ser possível o desenvolvimento das capacidades, pois já fizemos tudo o que deveríamos ou poderíamos fazer.

Nesse contexto de desânimo e descrédito com a nossa vida, por vezes perdemos a oportunidade de abraçar um novo emprego, um novo amor, algo inovador que nos fará desenvolver plenamente os nossos dons e trabalhar de forma positiva as nossas emoções.

Em um processo de *coaching*, por meio de perguntas poderosas, fazemos um levantamento de como está a nossa vida frente às diversas áreas: pessoal, profissional, relacionamentos e qualidade de vida.

No início, é feita uma abordagem que explora o autofeedback, ou seja, como estamos em relação a nós mesmos nas diversas áreas da vida e fazemos um mapeamento dos nossos pontos fortes, das nossas crenças limitantes, nossos pontos de melhoria e das oportunidades que nos apresentam.

Esse levantamento é fundamental para termos uma noção de quais são as nossas virtudes e o que podemos melhorar, o que impactará diretamente no resultado a ser alcançado.

Durante todo o processo são formuladas perguntas poderosas que nos fazem refletir e descobrir aspectos que podem estar adormecidos e impedindo o nosso crescimento. Refletimos sobre nossas crenças e valores que são importantíssimos para definirmos a nossa missão de vida.

Aqui, mister ressaltar que *coaching* não se confunde com terapia. A terapia aborda traumas e temas do passado.

O *coaching* tem por propósito o momento presente com foco no futuro, ou seja, quais aspectos no presente estão me impedindo de ter consciência das minhas crenças limitantes e que me impedem de prosseguir na jornada terrena reconhecendo talentos e habilidades.

No decorrer das sessões, por meio das perguntas poderosas e das tarefas propostas, o *coach* vai nos guiando para a descoberta do self, do quão importante é sermos nós mesmos, honrando a nossa história, independentemente de como ela possa ter sido.

Quando aceitamos a nossa história e tudo o que acontece em nossa vida, percebemos que podemos nos transformar e alcançar os nossos objetivos.

Aqui, neste ponto, surge o poder da gratidão. Ao sermos gratos pela nossa vida, pela nossa história, as coisas se tornam mais leves e passíveis de realização.

Pelo processo de *coaching*, conseguimos reorganizar as nossas ideias e perceber quem realmente somos, deixando de julgar as nossas ações e, consequentemente, as ações das pessoas com quem convivemos, tornando a nossa existência repleta de sentido e felicidade.

Passamos a ter maior consciência dos nossos pontos fortes e potenciais, tornando os nossos objetivos mais claros e tangíveis, percebendo qual a nossa missão de vida.

Descobriu por que todo mundo merece ter um *coach*? O autoconhecimento nos transforma e nos leva à realização.

Referências

ADLER, S. P. *Treine a si mesmo para o sucesso*. São Paulo: Act Books, 2020.

NASCIMENTO, W. *Implantação da cultura coaching em organizações*. São Paulo: Literare Books, 2015.

25

5 LIÇÕES DOS GIRASSÓIS PARA UMA VIDA ABUNDANTE

Este capítulo apresenta uma reflexão impactante de como uma simples flor se apresenta como um verdadeiro *coaching*. As lições aqui apresentadas, num total de cinco, são de tamanha profundidade, e ao mesmo tempo simplicidade, que, quando praticadas no nosso dia a dia, provocam um forte e prazeroso impacto, não apenas nas nossas vidas, mas na de todos ao nosso redor, com isso proporcionando a felicidade e abundância que tanto buscamos.

EDSON VILELA DE ALBUQUERQUE

Edson Vilela de Albuquerque

Muito prazer, Edson Vilela. Cientista da computação, administrador de empresas e advogado. Especialista em Análise de Sistemas pelo Iteci, Direito Ambiental pela Pontifícia Universidade Católica de Minas Gerais (PUC-Minas), Ciências Criminais pelo instituto Brasileiro de Ciências Jurídicas – IBCJUS, Direito Médico pelo Instituto Paulista De Direito Médico e da Saúde – IPDMS, Gestão Pública pelo Instituto Federal de Pernambuco – IFPE e Psicologia e *Coaching* pela Faculdade Metropolitana de São Paulo. *Coach* formado pela Academia Sulamericana de Coaching – ASC e pela Federação Brasileira de *Coaching* Integral Sistêmico – FEBRACIS, na qual detenho o título de *Master Coach Golden Belt*. Como funcionário público, já fui do Quadro da Fundaj e, desde 2008, sou concursado da ATI como Analista de Gestão de TIC, atualmente lotado na Assessoria Jurídica do Gabinete da Secretaria Executiva de Políticas para Criança e Juventude do Estado de Pernambuco (edson.vilela@sdscj.pe.gov.br). Ainda na área Jurídica, sou fundador e sócio do Escritório Edson Vilela Advocacia, presidente da Comissão Permanente de Fiscalização do Exercício Ilegal da Profissão da Associação Brasileira dos Advogados Criminalistas - ABRACRIM-PE, membro da Comissão de Honorários Advocatícios - CHA - da Ordem dos Advogados do Brasil (OAB/PE), membro da ABCCRIM - Academia Brasileira de Ciências Criminais. Como administrador de empresas, sou filiado ao Conselho Regional de Administração de Pernambuco (CRA-PE) e *business coach* atuante. Na seara esportiva, professor de Boxe Chinês (Sanda – *Kung Fu* Olímpico) e ciclista. Como *master coach,* fundei a Edson Vilela *Coach,* onde sou atuante nesse fascinante e empolgante mundo do *Coaching*.

Contato
www.edsonvcoach.com.br

> *Acorde para viver o melhor da sua vida hoje, acorde para ser feliz agora,*
> *acorde para realizar as suas metas mais importantes e as menos importantes*
> *também – Afinal, elas são suas.*
> Paulo Vieira

Iniciar este texto trazendo poesia é algo singelo e poderoso. Por isso compartilho esta bela poesia do David Domingues:

> Grande, verdejante, de pétalas coloridas de um amarelo vivo, sobressai entre a vegetação mais rasteira. Parece apontar para alguma coisa. Talvez procure algo mais. No meio das colinas ondulantes emerge como farol que, com a luz da sua beleza e da sua vitalidade, cativa o olhar de quem passa pela estrada. Até o viajante mais distraído é cativado pela beleza e harmonia que irradia.

O nosso protagonista, nesse caso, é o maravilhoso girassol. Sim, uma flor. Uma belíssima e intrigante planta que esconde muitas lições, que somente com paciência e dedicação podemos compreender e estabelecer um profundo paralelo com a nossa vida. Assim como um discípulo, obediente e atento a todos os movimentos do mestre, estabelecerei uma ligação neural e, por que não dizer, espiritual com as lições que o girassol pode nos ofertar. O mestre está disponível, cabe a nós sermos humildes e nos posicionarmos enquanto discípulos, atentos para absorver tudo o que está de graça a nossa disposição.

O girassol é majestoso por natureza. Cultivado em praticamente todos os continentes, o girassol apresenta importância agronômica devido ao seu crescimento rápido, sua adaptabilidade às variações climáticas e resistência à seca. Ele produz uma semente que dá origem a um óleo comestível de excelente qualidade. O óleo de girassol é muito apreciado, pois ajuda a combater o colesterol mantendo as artérias desobstruídas. É considerado uma das melhores gorduras alimentares disponíveis na natureza. Sem dúvida, com tantas qualidades, é fato que ele tem mais para nos oferecer.

Figura 1. Vincent Van Gogh – 3 Girassóis
Fonte: followthecolours.com.br/art-attack/por-que-van-gogh-se-apaixonou-pelos-girassois/

Antes de escrever este artigo, algumas pessoas me perguntaram "Edson, por que o girassol?". Bem, o girassol tem um significado muito sentimental e vivo até hoje. Caminhando pela rua, com um girassol na mão, me veio a ideia de escrever este artigo. Foi um estalido semelhante ao fato da maçã que caiu na cabeça do ilustre Sir Isaac Newton, que ocasionou o pensamento acerca da teoria da gravidade. Já conhecia algumas características dessa planta majestosa e foi questão de tempo até juntar as peças do quebra-cabeça. Assim nasceram as cinco lições dos girassóis para uma vida abundante. É bem verdade que existem textos que falam de características e lições sobre os girassóis, não é nada inédito, mas depois que ler este humilde texto, passará a ter o girassol como fonte de referência e motivação para que possa ter uma vida abundante. Aqui abordamos a visão integral e sistêmica do *coaching*. Abundância é um preceito que utilizo integralmente, desde a minha formação como *Master Coaching*, e amplamente nas sessões com meus *coachees* (termo que designa nossos clientes). Abundância tem origem bíblica? Sim. E onde se encontra descrito na Bíblia? Bem, são inúmeras as passagens, de modo que vou apenas explicitar duas delas que considero mais relacionadas ao objetivo do presente texto. A primeira é a passagem descrita em

João 10:10 "...eu vim para que tenham vida, e a tenham com abundância". A segunda passagem do Livro Sagrado é o encontrado em Provérbios 3:9-10 "Honra ao Senhor com tua fazenda, e com as primícias de toda a tua renda; e encher-se-ão os teus celeiros abundantemente, e transbordarão de mosto os teus lugares.".

"Enfim, Edson, quais são estas cinco lições? Estou curioso!"

Quem mais te entende é quem aqui escreve.

Os girassóis nos ensinam as seguintes lições: 1. humildade, 2. acolhimento, 3. servir, 4. resiliência e, por fim, 5. gratidão. Essas características reunidas, e praticadas no cotidiano, fomentam um conjunto poderoso de ações que nos blindam de muitas situações negativas e que poderiam nos trazer transtornos diversos e, no final, nos ensinam a sermos mais produtivos e felizes. Senão vejamos a seguir.

Primeira lição: humildade

Os girassóis são majestosos, inspiram muitos sentimentos, são preferidos por muitos para ornamentações ou simplesmente para belos e suntuosos buquês. Mas, ao observar o girassol no campo, de dia é vistoso, aberto, totalmente florescido. O que nos chama a atenção é quando cai a noite. Observa-se que ele simplesmente fica cabisbaixo, aparentando estar murcho, olhando para o chão onde estão fincadas suas raízes. Mesmo sendo uma belíssima flor, sabe a hora de se recolher, se resignificar, poupar energias, se resguardar e ser humilde o suficiente para que, na hora certa, possa voltar a brilhar e mostrar todo seu esplendor. Muitas vezes nos deparamos com situações que nos fazem baixar a cabeça e nos sentir tristes, perdedores, não merecedores. É justamente nesse momento que devemos olhar os girassóis e lembrar esta importante lição. Ser humilde é um passo para uma vida melhor, traz paz e é o momento em que nos ressignificamos, nos fortalecemos e voltamos ao jogo. Dar um passo para trás é uma atitude sábia para que assim possamos dar dois ou mais passos adiante. Tenha sempre uma foto de um girassol à sua mão e, nos momentos em que estiver cabisbaixo, lembre-se desta importante lição.

Segunda lição: doação

Quantas vezes temos dias em que nada parece dar certo? Tudo conspira em nosso desfavor. Parecem dias sem sol, apenas nuvens negras acima de nossas cabeças. Assim como nós, os girassóis sabem quando os dias estão nublados, sem o sol para lhe servirem de guia e os alegrarem. Nesse momento, amiga, amigo, não se engane, o senhor girassol é muito sábio e humilde. Eles se voltam uns para os outros para doarem suas energias, se manterem vivos e felizes. Quantas vezes não desperdiçamos nosso tempo com ações que nos cansam mais do que nos edificam? Baladas, festas, descanso em excesso, acomodação. E quando mais deveríamos estar fortalecidos e felizes, nos pegamos tristes e nos sentindo sem vida. Nessa hora, quando o sol não brilha e o céu parece estar nublado, é que devemos parar e agradecer pelo dom da vida. É quando a doação nos vem como um chamado e nos move para um mundo feliz porque, ao promover a felicidade alheia, mesmo em dias que deveríamos estar infelizes, a felicidade nos é revigorada. É simples, é a Lei da Atração em ação. Lance felicidade, doe o que tiver de melhor, que o mesmo lhe será retribuído no devido momento. Assim como os girassóis, doemos o nosso melhor uns aos outros e promoveremos a felicidade não apenas para nós mesmos, mas a levaremos aos quatro cantos do mundo.

Terceira lição: servir

Quem pensa que o girassol é uma simples e bela flor, que não tem "serventia" e não trabalha em prol dos outros, se engana. Os girassóis se recarregam colhendo o fruto da terra, voltam-se para o sol, produzem sementes que são apetitosas para os pássaros, produzem abundantemente pólen para que as abelhas venham e promovam a polinização em massa e, assim, garantam a perpetuação de sua espécie e de diversas outras. Para por aí? Não! Tanto trabalho para se vestir e ficar bela, majestosa, faz dessa flor magnífica ser desejada para alegrar a vida de muitas pessoas, presenteando-as com tamanha perfeição da natureza. Apesar de ser uma criação divina, não para de trabalhar, o que a torna servil a quem dela necessite. Caro leitor, cara leitora, independentemente do momento, esteja sempre belo, disponível, produza para que tenha abundância e assim possa servir ao próximo. É dádiva divina poder servir ao próximo sem desejar nada em troca. Ao ser servil com quem você não conhece, mas sabe que precisa de alguma habilidade ou algo que você tem, e possa contribuir. Faça e desenvolverá uma competência que, no passar das vezes, irá faze-lo cada vez mais grato pelo que possui. Essa visão leva à prosperidade, uma vez que servir é um hábito que cada vez mais queremos atuar, servindo sempre. E quando criamos consciência de que devemos prosperar cada vez mais, para assim podermos contribuir mais e mais, estamos produzindo inconscientemente a abundância e eliminando sentimentos tóxicos, tais como procrastinação, preguiça, inveja, avareza, depressão e estagnação. E então, vamos crescer e contribuir?

Quarta lição: resiliência

Resiliência é a capacidade de se recobrar facilmente ou se adaptar à má sorte ou às mudanças. Os girassóis são resilientes? Sim. Como falado brevemente nos parágrafos iniciais deste artigo, eles têm uma magnífica capacidade de se adaptarem a condições climáticas variadas. Quente, frio, sol, chuva, seca, é uma inteligência divina que faz com que essa flor nos mostre ser previdente e ser resiliente, que devemos nos adaptarmos às mudanças de condições em nossas vidas. Isso é sinal de inteligência. Estarmos preparados para as diversidades que a vida nos reserva nos faz fortes. Porém, existem situações que são alheias às nossas vontades, mas também existem situações que, por conta de padrões negativos que comunicamos em nosso dia a dia, atraem condições desfavoráveis para o nosso pleno desenvolvimento, independentemente de qualquer área de nossas vidas. Desse modo, ser previdente é ser resiliente. Comunicar prosperidade e força é ser resiliente, ou seja, estar preparado e como encarar as adversidades da vida será o seu grande trunfo para o seu sucesso.

Quinta lição: gratidão

Como foi visto na primeira lição, que trata da humildade o girassol, ao cair da noite, se curva ao solo, e assim permanece murcho e aparentando estar "sem vida". Não é nada disso. Além da humildade que já tratamos, existe outra grande lição que considero a mais importante de todas as lições: gratidão. Ao se curvar à terra que o alimenta e ao se abrir ao sol que o energiza, o girassol mostra toda sua gratidão à terra e ao sol. Quantas vezes nos esquecemos de sermos gratos por tantas situações que nos cercam? O trabalho que temos, os filhos que tivemos, o amor de nossa vida, nossos pais, nossos professores e a nossa espiritualidade? O simples fato de acordar com saúde já é o motivo maior de gratidão que podemos expressar a nossa espiritualidade. Praticar a gratidão sempre é um exercício poderoso para nossa vida. A gratidão abre portas, move nossa energia para que seja devolvida purificada pelo universo. Por isso seja grato sempre, até mesmo pelas situações adversas que vivencie. No mínimo terá um aprendizado rico que poderá ser replicado para outros tantos. Assim viverá mais feliz, não dando chance para que a tristeza e os já falados sentimentos tóxicos adentrem à sua vida.

Conclusão

O nosso cérebro não distingue o que é real do que é imaginário. Dessa forma, se você considera que leva uma vida medíocre, pare agora e reflita. Abundância não se trata apenas de riquezas e bens materiais, não se trata de um corpo perfeito, um amor perfeito, filhos perfeitos, emprego perfeito, família perfeita. Muito pelo contrário. Encontramos a felicidade e abundância na simplicidade da vida. Encaremos a realidade: viver é simples, quem complica somos nós mesmos. A partir dessa afirmativa é que devemos encarar nossas vidas como sendo uma dádiva, pois podemos aprender a lidar com as mais diversas situações de forma simples, como os girassóis, pois quando praticamos as cinco lições dos girassóis, entramos em um estado de conexão conosco de tal forma que não teremos que encarar as adversidades da vida como problemas e sim como situações que podem acontecer a qualquer momento. Assim, por estarmos trabalhados como os girassóis, passaremos com louvor pelas dificuldades que surgirem em nosso caminho. Com foco e determinação, estaremos vigilantes sempre. Assim conspiramos para que um mundo melhor nos seja presenteado, pois, para os capacitados, não existe sorte. Quanto mais você se trabalha e treina sua mente, mais sorte terá e aumentará suas chances de ser mais feliz e alcançar a tão sonhada abundância.

Referências

CALABREZ, P.; FILHO, C. B. *Em busca de nós mesmos*. Porto Alegre: CDG, 2017.

CELMA, Álex Rovira; BES, Fernando Trías de. *A boa sorte*. Rio de Janeiro: Sextante, 2016.

DOMINGUES, David. *Na escola do Girassol*. Revista prosa verso e arte. Disponível em: <https://www.revistaprosaversoearte.com/licao-dos-girassois/>. Acesso em: 30 mar. de 2021

MARTINEZ, Mariana. *Girassol*. Infoescola. Disponível em: <https://www.infoescola.com/plantas/girassol/>. Acesso em: 30 mar. de 2021.

SCOTT, Steven K. *Salomão, o homem mais rico que já existiu*. Rio de Janeiro: Sextante, 2019.

VIEIRA, Paulo. *O poder da ação*. São Paulo: Editora Gente, 2015.

WILLIAMS, Mark; PENMAN, Danny. *Atenção plena Mindfulness: como encontrar a paz em um mundo frenético*. Rio de Janeiro: Sextante, 2015.

26

RIQUEZA OU POBREZA É UMA QUESTÃO DE ESCOLHA

Neste capítulo, os leitores encontrarão orientações cotidianas da vida para ter uma verdadeira revolução financeira e no próprio direcionamento de vida, com exemplos práticos de como se reconhecer e fazer escolhas assertivas, que transformam a maneira de pensar, libertam e trazem benefícios inclusive financeiros.

GILMARA GONZALEZ

Gilmara Gonzalez

Mentora, especialista em Educação Financeira com Neurociência para Docentes (UNOESTE), especialista em Gestão de Investimentos com Educação Financeira (UNOESTE), especialista em Inteligência Emocional para Mulheres (Academia AGE), certificação Internacional de *Coach* de Ação Massiva (*Act Caoching*), membro associado da ABEFIN (Assoc. Brasileira de Educadores Financeiros), membro associado da APOEF (Associação dos Profissionais Orientadores e Educadores em Finanças), *coach* com PNL para líderes, *practitioner* em PNL (NLPEA), analista comportamental (IBC *Coaching*), certificação internacional de Educadora Financeira (Lyouman Corp), formação em Teologia nível avançado (INTEP), contabilista, professora de espanhol (D. E. L. E. Superior *Universidad de Salamanca*), Pedagogia Plena (UNISA), bacharel em Direito, tradutora, escritora, palestrante, *coach* comportamental e hipnoterapeuta clínica.

Contatos
gilmaragonzalez.financas@gmail.com
espacocoachgilmaragonzalez.negocio.site
Linktree: linktr.ee/gilmaragonzalezeducafinanceira
Instagram: @gilmaragonzalez
11 98349 3080
11 95310 3842

As escolhas que você faz durante a vida determinam sua situação financeira

É interessante ver o quanto as pessoas estão sempre em busca da prosperidade financeira, de enriquecer a todo custo e, de preferência, sem esforço. Venho aqui desmistificar esse assunto que, apesar de fazer parte da vida cotidiana de todas as pessoas, independente da classe social, raça ou etnia, ainda é tabu na maioria das casas e famílias. Não importa qual o grau de instrução, se reside em mansões ou em casebres, o dinheiro faz parte da vida de cada ser humano.

Se prestarmos atenção, todos querem, poucos tem e quase ninguém fala abertamente sobre o assunto. Não é difícil encontrar notícias de pessoas que se suicidaram por motivos de dinheiro. Famílias inteiras muitas vezes vivem de aparências por não saberem lidar com a escassez ou a mudança repentina da situação financeira, seja por uma crise mundial, por negócios mal administrados ou simplesmente por serem esbanjadores e não pensarem no futuro.

É necessário coragem para enfrentar crises financeiras, além de se livrar muitas vezes de crenças que limitam o desenvolvimento pessoal e financeiro. Crenças como: somente quem é muito rico pode investir ou meu ganho é pouco. O fato é que essas crenças estão arraigadas em nossas vidas desde a mais tenra infância, o que nos faz crescer sem termos noção de que nenhuma delas é verdadeiramente correta.

Tem ainda as crenças geradas pela religiosidade que nos faz acreditar que os ricos não herdarão o Reino de Deus, que não devemos juntar tesouros na terra porque não somos desta terra, e várias crendices que servem apenas para limitar o crescimento pessoal e financeiro.

Sobre crenças religiosas: a Bíblia contém mais de 2.300 passagens que falam sobre dinheiro e posses e, uma das mais conhecidas é a história de José do Egito, que aconselhou faraó a armazenar mantimentos em grandes celeiros nos tempos de abundância para que a terra não sofresse demasiadamente com a fome nos tempos de crise; portanto, o assunto dinheiro, posses e prosperidade é importante para todos. Queremos longevidade, mas não nos preparamos adequadamente para ela.

Vamos para a seguinte reflexão: se você tivesse guardado apenas 10% de todo dinheiro que já passou pelas suas mãos até o dia de hoje, quanto teria de reserva financeira acumulada? Não estou aqui para fazer nenhum tipo de acusação nem trazer peso sobre a sua vida, o que quero é mostrar a você que, independente de ter ou não juntado qualquer valor até o dia de hoje, sempre há solução e as escolhas que fizer a partir de hoje, poderão mudar completamente o rumo da sua vida financeira.

É possível ter uma transformação financeira pela mudança de atitudes e comportamentos relacionados ao dinheiro porque, apesar do que muitas pessoas pensam, ser educado financeiramente não se trata de ter ou não ter dinheiro, muito menos de quanto é o seu ganho mensal; tem a ver com a escolha de seu estilo de vida.

Trago uma das chaves que poderão mudar o rumo da sua história: você não precisa ser rico para investir, mas precisa investir para ser rico. Precisa de mudanças comportamentais, estratégias, escolhas assertivas e uma delas é se tornar uma pessoa melhor. Aprender a ter o equilíbrio entre o ser, o ter e o fazer, pois não há nenhum mérito em ter se não existir o ser e o fazer tudo funcionar.

A verdade é que buscamos a todo custo ter a tão sonhada liberdade financeira, mas preciso dizer que você já tem liberdade financeira, independente da sua classe social, porque pode fazer o que quer com ele; o que buscamos na verdade é a independência financeira, que é ter uma renda passiva que cubra o nosso custo de vida até o final dela.

É preciso desenvolver algumas habilidades que podem ser úteis na conquista da independência financeira, como paciência, criatividade, concentração, análise de cenário de risco e retorno; essas habilidades no mercado financeiro são essenciais para que seja uma pessoa melhor.

Se consegue visualizar que isso será útil para você, que precisa ser uma pessoa mais paciente, mais coerente, ter mais concentração, analisar riscos e retorno, o que você vai trazer para sua vida para desenvolver essas habilidades? A vida financeira é comportamental e é o pilar, é uma ciência que vai dar autonomia para que desenvolva boas habilidades, baseado em ser, fazer e ter. Você descobrirá como tomar boas decisões técnicas, como se proteger na próxima crise.

Essa conversa de ter habilidades melhores é extremamente útil porque precisará da estabilidade, ou seja, precisará ser uma pessoa melhor para tomar decisões melhores. Você aprende muito mais quando ensina o que sabe, não retenha seus conhecimentos, ao contrário livre-se deles distribuindo-os por onde passar. Ninguém é tão pobre que não possa dar conhecimento em alguma área para qualquer pessoa, espalhe esse conhecimento por onde quer que vá, certamente ajudará alguém e será ajudado.

Faça isso com sua vida e verá os resultados chegarem com uma velocidade extraordinária, não importa em qual área sua vida esteja patinando ou não esteja vendo verdadeiro crescimento, sempre será a área onde precisa desenvolver, será a que mais terá para ensinar.

Você é uma pessoa extraordinária, é capaz de muito mais do que possa imaginar. Basta olhar para si e descobrir em qual momento da sua vida está.

Quer mudar? A mudança está em você, busque-a.

Não dependa e não espere que outras pessoas ou circunstâncias venham obrigar você a mudar.

Somente quando parei de me incomodar com o que outros iriam dizer ou pensar, foi que tomei coragem para algumas atitudes e mudanças. Uma das mais drásticas e que trouxe maior resultado tanto em minha liberdade como pessoa como na independência financeira foi aprender e colocar em prática uma simples palavra: NÃO!

Quando aprendi a dizer NÃO, foi quando tive uma das melhores experiência de liberdade, aprendi a dizer *não* para muitas coisas e até mesmo para mim.

Dizer *não* para a procrastinação, o ato de deixar tudo para depois.

Dizer *não* para compras por impulso, para ficar se martirizando e amargando dívidas.

Dizer *não* para pessoas, muitos dizem *sim* querendo dizer *não*.

Dizer *não* para situações desagradáveis, muitas vezes impostas por outras pessoas.

Aprender a dizer *não* traz um senso de liberdade indescritível e, ao contrário do que eu mesma pensava, traz mais autoridade e autonomia. Ninguém se afastou de mim quando aprendi a dizer *não*; pelo contrário, muitos começaram a me respeitar e reconhecer meu valor e espaço.

Aprender a dizer *não* me ajudou inclusive financeiramente, pois pude dizer *não* às compras desnecessárias, compras em meu nome para outros, aprendi a investir melhor meu tempo e meu dinheiro, experimente praticar o *não* para conhecer sua verdadeira liberdade.

Perdoar é outra prática libertadora.

Claro, você também pode ser uma pessoa que tenha a seguinte crença: só Deus perdoa.

Mais um NÃO que eu aprendi, não é só Deus quem perdoa, haja vista parte da oração que quase todos fazemos diariamente: "perdoa as nossas ofensas ou dívidas, assim como nós perdoamos a quem nos ofende ou a nossos devedores".

Você aprenderá a dizer *não* para os próprios sentimentos e pensamentos sabotadores, ao vir à sua mente e corpo sentimentos de tristeza, dor, intolerância, você poderá dizer *não* a eles, ao vir sentimentos contrários relacionados a pessoas que sim, podem ter contribuído negativamente em sua vida, você poderá dizer *não* a eles e liberar perdão, não permitir que esses sentimentos ou pensamentos invadam a sua mente e sua vida trará a você o verdadeiro sentido de liberdade.

Buscar conhecimentos necessários para o próprio desenvolvimento, descobrir que passar muito tempo preso a coisas e sentimentos que eram apenas seus, porque muitas vezes a pessoa alvo de seus rancores e falta de perdão na maioria das vezes não tem a menor ideia de seus sentimentos, porque são exatamente isso: seus sentimentos. Não atingem a outra pessoa em nenhum momento, mas travam a sua vida.

Quando passei por esse processo em minha vida, aprendendo a dizer *não* para meus sentimentos ruins, às vezes até contra mim, foi definitivamente libertador.

Comecei me conhecer e isso fez total diferença. Mas você pode estar lendo este capítulo do livro e se perguntado:

- Por que essa mulher está falando da própria vida? Não comprei um livro para saber da vida dela.

Eu respondo:

- Não tenho experiências melhores para falar de *coach* e que todo mundo merece um *coach* do que a minha própria vida.

Você pode e deve ser o *coach* de si mesmo, antes de ser o treinador de outros.

A partir do momento que aprendi a dizer *não* e perdoar, todos os dias, principalmente para mim mesma, foi quando tive a liberdade de crescer financeiramente, deixar de buscar pelo reconhecimento alheio e buscar meu reconhecimento.

Conhecer meus limites e forças deu direção para chegar a ponto de fazer parte deste projeto que está em suas mãos: a coautoria de um livro. Projeto audacioso e impensável até pouco tempo atrás.

Nesse processo, entrou também em minha vida a Educação Financeira que me trouxe outra visão acerca das finanças pessoais, negócios e família.

Aprendi que a Educação Financeira, como já mencionei anteriormente, não se trata de planilhas ou de quanto dinheiro eu tenho ou deixo de ter, mas sim de como me comporto diante de todos esses fatores.

Educação Financeira é uma ciência do comportamento humano. Somente quando aprendi essa característica comportamental, pude reconhecer que muitas das dificuldades financeiras que atravessei ao longo da minha vida foram geradas por escolhas e comportamentos que eu mesma havia feito ao longo da minha vida.

Se você está passando por quaisquer dessas situações, anime-se! Há salvação para você e para os que estão à sua volta. Eu consegui, você consegue.

Os melhores treinadores usam táticas e processos para que um projeto chegue ao final com sucesso, então passarei as minhas táticas de treinadora de mim mesma para você. Há outros métodos, certamente, mas esse é o meu:

Conheça e reconheça a própria história

Descubra qual a história real da sua família, quais comportamentos se repetem a gerações, identifique se há em você ou em seus descendentes esses comportamentos e, se forem bons intensifique-os, se forem maus, diga NÃO!

Peça ajuda a quem está por perto

Pergunte a amigos e familiares o que pensam sobre você (prepare-se para as respostas), o que identificam que você precisa mudar; apenas ouça, não retruque e não se justifique.

Reflita sobre o que ouviu

Depois de receber as informações de seus amigos e familiares, reflita sobre cada uma delas, sem se justificar, reveja essas atitudes e reinvente-se.

Peça perdão e perdoe

Ao ouvir de seus amigos e familiares atitudes que você identifique que possam ter trazido qualquer tipo de tristeza, peça perdão e perdoe aqueles que passaram pela sua vida.

Mude a rota, transforme-se

A partir desse momento, você estará livre o suficiente para traçar um novo caminho, uma nova história, uma nova vida, cheia de alegrias e descobertas.

Ficamos presos nas dificuldades financeiras que nos envolvemos, mas a vida é cíclica, como lá nos tempos de José do Egito, há tempos de abundância e tempos de escassez na vida de todas as pessoas se não aprendermos a mudar nosso comportamento na vida financeira, para obter a tão almejada independência financeira.

Conheça sua realidade financeira e faça a sua família conhecer também;

Você conversa sobre dinheiro dentro da sua casa? Sua família sabe qual é a sua real situação financeira, ou você está apenas vivendo de aparências?

Ao conhecer sua realidade financeira, faça uma limpa nos gastos supérfluos, estou falando sobre cortar aqueles gastos invisíveis que detonam nosso orçamento familiar, como juros, multas, taxas de diversos tipos, contas e aplicativos que pagamos e não usamos, valores que não revemos e não pedimos descontos etc.

Abandone o orçamento mental, aquele que nos faz apenas lembrar das grandes prestações e dívidas que temos, como aluguéis, carnês e cartões de crédito, saiba exatamente quanto ganha e quanto gasta.

Busque formas de economia, trocar produtos e marcas pode ser muito vantajoso.

Estabeleça metas para realização de sonhos e projetos, eles são possíveis quando se tem uma boa administração financeira e a liberdade de dizer *não*.

Pague-se primeiro, antes de pagar as contas, separe uma porcentagem para você ter o suficiente para realizar sonhos e independência financeira.

Viva o hoje de forma consciente e feliz, afinal, a vida é um presente, o tempo é seu maior aliado para reconstruir sua vida, compartilhe seus conhecimentos.

Que Deus abençoe seus projetos e você tenha uma vida de abundância e liberdade, lembrando que as suas escolhas fazem toda a diferença entre uma vida de riqueza ou de pobreza, tanto financeira como espiritualmente.

ALTA *PERFORMANCE* NA COMUNICAÇÃO

Este capítulo traz maneiras de exercitar uma comunicação mais generosa consigo e mais conectiva com o outro. Vamos mostrar o que você pode fazer para o aperfeiçoamento e algus pontos que podem estar impedindo de ser um comunicador por natureza. Aliando teoria à prática, a intenção é levá-lo a vivenciar a alta *performance* da comunicação.

VANESSA MAFRA

Vanessa Mafra

Jornalista, palestrante, *master coach*, analista de Perfil Comportamental *Cis Assessment* e atriz. Como *coach* de comunicação, desenvolveu uma metodologia de ensino para transformar o medo na mais libertadora maneira de se comunicar e estimular a expressividade na comunicação que envolve ferramentas de *coaching*, teatro, oratória e consciência corporal. Foi finalista com esse projeto no concurso de empreendedorismo feminino a *Hora de Brilhar da escola Brilhante* – Unilever (2017). Finalista regional por três anos consecutivos do concurso nacional de treinadores e palestrantes *Tem poder quem age* — Febracis — em 2017, 2018 e 2019. Experiência de mais de 15 anos como repórter e apresentadora na Rede Amazônica, afiliada Globo em Porto Velho. Também foi colunista da rádio CBN Amazônia e apresentadora do quadro oportunidades e emprego da Rede Amazônica Rondônia. Alia o trabalho à missão de vida e acredita que é possível transformar a realidade com propósito, verdade e presença.

Contatos
www.vanessamafra.com.br
contato@vanessamafra.com.br
Instagram: @vanessamafra.tv
69 99948 3919

Alta *performance* na comunicação

A comunicação é, sem dúvida, uma das maiores chaves da mudança comportamental. Ela ajuda a ter uma vida mais equilibrada com você e ter muitos resultados em diversas áreas da vida. Você é um comunicador por natureza. Os bloqueios e complicações vêm depois. Significa que, quando nasce, quando é bebê, você se comunica. O choro é nossa primeira comunicação com o mundo. Comunicamo-nos desde sempre. É inerente ao ser humano, algo natural. Para criança não tem impedimento. Se não vive hoje a liberdade ao se comunicar, está aprisionado pelo medo que você mesmo criou, ou foi moldado pelas circunstâncias.

Para desconstruirmos esse processo, é preciso iniciar pela comunicação interna, aquela que fala consigo mesmo. É o que fala quando ninguém está ouvindo. É comum ver pessoas se xingando ou se maldizendo: sou um idiota mesmo, nunca vou conseguir. Sem saber que essas palavras estarão aprisionando em um mesmo ciclo de sentimentos tóxicos.

Certamente já ouviu falar em violência verbal, um tipo de violência que cometem quando falam coisas abusivas ou destrutivas a alguém. A violência verbal causa danos psicológicos profundos em quem recebe. Imagine viver com uma pessoa que fala o tempo todo coisas o depreciando. Tanta violência que a pessoa vai mudando as crenças e personalidade, acreditando naquilo.

Mas o que fazer quando a pessoa que mais comete violência comigo sou eu mesmo? Se você se trata assim, como acredita que vai se sentir se vive com o inimigo íntimo? Ser algoz de si mesmo traz consequências para uma vida saudável.

Essa comunicação muitas vezes vem de uma autoimagem distorcida. Quando não enxerga verdadeiramente quem é. Observe se mais de cinco pessoas falam para você que tem algum potencial, e apenas você acredita que todo mundo está equivocado. Nesse caso, pode ter certeza de que é o seu olhar que está distorcido.

Se um leão se vê como um gatinho, como teria coragem de caçar uma presa? Observe se tem se visto como é verdadeiramente. Treinar seu olhar para se enxergar sem emoção negativa pode ajudá-lo a se ver de maneira realística e passar a se tratar com a gentileza que merece.

Comunicação tóxica

Nem sempre tenho percepção de como me comunico. Aqui eu quero chamar a atenção para um ponto que pode doer muito, mas é preciso identificar se é totalmente consciente da sua comunicação. Se eu perguntar a você se reclama muito, talvez diga, não, só às vezes. Tem certeza disso? A comunicação negativa ou tóxica é uma erva daninha que atrasa a vida.

Nem sempre o reclamador ou a pessoa negativa tem consciência que ela é assim. Primeiramente, entenda que, antes de prejudicar o outro, a comunicação tóxica prejudica você. Vamos pensar numa escala onde o ponto zero seria uma comunicação neutra, onde não existam emoções no que fala. No negativo estão a insatisfação, a reclamação, o desencorajamento, a fofoca, o desmerecimento ou menosprezo, a inveja e daí é só descer ladeira abaixo. Já na escala positiva estão a gratidão, a alegria, o encorajamento, o apoio, a validação, a fraternidade, a harmonia, o amor. A comunicação tóxica atua na escala negativa, que o arrasta para baixo cada vez mais. O problema é que ela causa uma satisfação momentânea. Ao falar mal de alguém, momentaneamente causa um alívio. Mas, ao mesmo tempo, vai puxando para agir nessa frequência cada vez mais até tornar-se um hábito. E o pior de tudo é que nem sempre é percebido. É preciso trazer consciência para evoluir.

Missão antes do ego

Você certamente conhece alguém que morre de dificuldade em se comunicar em determinada área. Esses bloqueios ou travas na comunicação acontecem, pois, em algum momento, teve alguma experiência não muito confortável. Isso fez com que seu cérebro entendesse que nessa área há um perigo. Um sinal de alerta. É como se essa informação fosse colocada num compartimento semelhante a outros medos ou desconfortos. O seu cérebro vai a todo custo evitar que isso novamente aconteça, como uma proteção a você. Criando uma prisão emocional que, muitas vezes, não existe.

Sentir medo não é ruim. É uma forma de autopreservação. Faz com que se dedique mais, preste mais atenção. O que não posso fazer é me paralisar por ele. Nesses casos, as raízes desse medo estão vinculadas ao receio do julgamento, do erro e da exposição.

É preciso identificar o inimigo. Saber exatamente o que incomoda. Buscar as raízes mais profundas. É importante refletir sobre o que realmente incomoda, o que faz com que não avance no processo, se não, continuará colocando cortinas de fumaça para não perceber qual é o real impedimento, e apenas continuará evitando, sem ao menos identificar exatamente o que trava.

Algo que pode ajudá-lo a enfrentar seus medos é a missão antes do ego. O ego nada mais é que a percepção do seu *eu*. Nesse ponto no ego, que me importo exageradamente com a opinião das pessoas, sempre quero agradar e me mostrar forte. Se eu continuar no ego, sabotarei minhas realizações, pois podem me levar ao fracasso, ao erro. É assim que vou aprender. Mas o ego jamais entenderia isso.

E o que tem a ver a missão? Quando eu saio de ego e troco o foco para missão, passo a ver o outro e penso tudo bem se eu errar, tudo bem se eu falhar, mas nada vai me calar, nada vai me impedir de transmitir conhecimento. Eu posso mudar a vida de alguém, então eu vou. Esse é talvez o passo mais importante. Essa mudança de foco tira do sentimento de medo - quando estou no ego - por isso as reações corporais desse sentimento, e me coloca no sentimento de gratidão, na alegria em contribuir. Eu vou falar porque posso ajudar com esse conhecimento, mudar a vida de alguém.

Então, na próxima vez que receber o convite para falar em público, explanar uma opinião em uma reunião, atender um cliente, pense: não importa o resultado ou se vai se expor, o mais importante é fazer a diferença na vida de alguém.

Compreendeu que a comunicação interna é para mim e a comunicação externa é para o outro? Quando penso no medo de errar e falhar, estou pensando em mim. Ao negar falar por esses motivos, acabo sendo egoísta por pensar tanto, sendo que só deveria fazer o melhor, contribuir significativamente na vida do próximo.

Nos passos da alta performance

Até esse momento, foi um ponto de avaliação para que você ganhe consciência se tem usado sua comunicação de forma positiva ou na polaridade negativa. Agora, vamos chegar ao ponto do que fazer para de fato mudar sua maneira de se comunicar, e não só vai sentir diferença em apresentações, nas relações interpessoais como no comportamento. Quando conseguir colocar na prática todo o potencial da comunicação, perceberá que sua vida vai tomar rumos completamente diferentes.

Gratidão: quem é grato é mais feliz e tem uma comunicação mais leve, mais compreensiva. Então use, sempre que possível. Desde fazer listas de agradecimento diário a agradecer nos momentos em que mais pensa ou fala algo tóxico.

Palavras de afirmação: as palavras de afirmação vão além de serem positivas. Essas palavras podem ser usadas para si e para o outro, afirmar suas melhores características, qualidades, validar alguém. A repetição dessas palavras ajudará na formação da sua nova autoimagem e fortalecimento das novas crenças.

Comunicação não verbal: além da palavra, quando você alia a mudança corporal, a mudança vem com impacto maior. Nossa comunicação não verbal é aquilo que comunico pelo que se vê. Juntando as palavras e o tom de voz, tenho um significado completo. É importante ser congruente para passar uma mensagem de verdade. A mudança de uma postura curvada para uma postura de vencedor também pode alterar significativamente não apenas como as pessoas enxergam, mas como se sente. Lembre-se: sorrir muda seu dia e de outras pessoas.

Verdade: é falar a verdade, ninguém quer ouvir mentira. É ser verdadeiro na essência. E também congruente na comunicação. Para que seja extremamente verdadeiro, mergulhe intensamente na mensagem que quer transmitir - sentimento, pensamento e fala conectados integralmente. Isso é verdade. Para conseguir essa extrema conexão na comunicação, é necessário estar ligado a sua missão e a seu propósito. A intenção da sua comunicação, que será expressa pelo seu tom de voz, sua expressividade e suas palavras, demonstra a verdade do que é comunicado.

Presença: nada mais é que estar no momento presente. Com pensamentos e sentimentos focados no agora e não no passado ou futuro. Estar em estado de presença, entregar ao *aqui e agora,* ajuda a controlar os pensamentos sabotadores que muitas vezes impede de seguir. Estar presente é estar conectado com o que está acontecendo no momento. Não é possível fazer algo pensando em outra coisa. E essa presença ajuda a manter a verdade, que é a congruência da linguagem verbal e não verbal.

Naturalidade: Quando me conecto à verdade, estou presente e consigo experimentar a naturalidade. É ser quem é. Sem máscaras ou fingimento. A naturalidade é o ponto chave da conexão. E gera a verdade. Só sendo eu mesmo na minha essência que consigo gerar o ponto de emoção e conexão.

Emoção e conexão: Sempre que entrego esse conhecimento com o único motivo de ser verdadeiramente relevante na vida de alguém, entro em um estado de emoção que gera conexão com o outro em um maior nível emocional. Você conseguiu verdadeiramente passar sua mensagem. Exercite também sentir empatia pelo próximo, colocar-se no lugar dele. Nós não somos juizes, acusadores. Temos que entender que a comunicação é uma bênção para nos tornar pessoas melhores e nos ligarmos aos outros.

Prática para a alta performance na comunicação

Pratique os exercícios com regularidade, releia este capítulo sempre que possível. Eu tenho certeza de que chegará, em breve, a uma alta *performance* na comunicação.

1. Inicie sua prática anotando, sem julgamento, todas as palavras que profere denegrindo você. Faça sem sentimentos, apenas anote.
2. Identifique as palavras negativas que fala no seu convívio, de reclamação até fofocas. Vai ajudar a trazer consciência do que verbaliza regularmente.
3. Reconheça os bloqueios que tem na sua comunicação e, para cada dificuldade, aplique a técnica dos cinco porquês. Exemplo: tenho medo de falar em público. Por quê? As primeiras respostas podem ser superficiais, mas ao longo do questionamento que identificará as cortinas de fumaça do que realmente tem medo ou receio.
4. Perceba sua missão, defina o motivo que o move para levar sua comunicação ao próximo e use a força dessa missão toda vez que pensar em não fazer por receio. Repita: tudo bem se eu errar, tudo bem se me julgarem, mas não me calo porque a minha missão é… Fortaleça sua missão repetindo-a com regularidade, até se tornar mais forte que seu impedimento.
5. Faça uma lista de suas qualidades e as repita com postura de confiança.
6. Exercite estar presente em todos os momentos. Pratique a observação, todas as vezes que pensar que não conseguirá. Pare e pergunte onde estou e o que estou vendo. Esse exercício de observação vai deixá-lo mais presente e mais tranquilo para ter uma comunicação de alta *performance*. Outra maneira de se tornar mais

presente é tocar em algumas partes do seu corpo para se conectar com o *agora*. Isso ajudará estar mais calmo nos momentos de tensão.
7. Lembre-se de ser sempre você, naturalidade e verdade farão com que sua comunicação tenha mais impacto e conexão.

Boa prática!